领导干部经济知识系列丛书

# 地方政府如何融资

主　编：田江南
副主编：周　纳
　　　　许　翼

当代中国出版社
Contemporary China Publishing House

**图书在版编目(CIP)数据**

地方政府如何融资 / 田江南主编 .——北京：当代中国出版社，2010.8
ISBN 978-7-80170-920-2

Ⅰ.①地…　Ⅱ.①田…　Ⅲ.①地方财政—融资—中国
Ⅳ.①F812.7

中国版本图书馆 CIP 数据核字（2010）第157716号

出 版 人　周五一
责任编辑　宗　边
责任校对　周君达
装帧设计　天津市银博印刷技术发展有限公司
出版发行　当代中国出版社
地　　址　北京市地安门西大街旌勇里8号
网　　址　http://www.ddzg.net　邮箱:ddzgcbs@sina.com
邮政编码　100009
编 辑 部　(010)66572152　66572154　66572155
市 场 部　(010)66572157　66572281　66111785
印　　刷　天津市银博印刷技术发展有限公司
开　　本　889×1194 毫米　1/16
印　　张　16印张
版　　次　2010年10月第1版
印　　次　2010年10月第1次印刷
定　　价　70.00元

為地方政府進一步做好
融資工作服務

為《地方政府如何融資》題

王文元

第九届全国政协副主席王文元为本书题词

# Foreword 前言

2008年的国际金融危机给我国经济发展造成了巨大冲击。我国政府迅速做出反应，推出4万亿的投资计划用于保障性住房、农村民生工程和重大基础设施等六个方面的建设，促使中国经济率先复苏。然而审计署关于此轮投资的事后审计却发现，在重点抽查的335个新增投资项目中，中央投资资金到位率为94.01%，而地方配套资金到位率却只有47.98%。地方配套资金的不足，导致很多项目不能按期完工并投入使用，这进一步暴露出地方政府长期存在的资金匮乏问题。

解决地方政府资金瓶颈的根本途径，当然是大力发展地方经济，增加地方的财政收入。但是我们也应看到，经济的发展是一个长期过程，不是一朝一夕就能实现的。面对当前经济社会发展所急需的公共事业投入，我们不可能坐等财政收入的积累而错过当前的发展机遇，而且公共投入的不足反而可能限制地方经济的进一步发展。

纵观欧美发达国家的发展历程，他们也遭遇过财政资金不足以支持公共事业投入的发展阶段，并且这个问题直到今天都依然存在。面对这个问题，各个发达国家广泛拓宽融资渠道，运用市场化融资手段，吸引多元化资本参与公共建设，比如美国的市政债券体系、法国的特许经营权模式、日本的财政和储蓄转贷等模式等，在融资理论和融资模式创新上积累了丰富的经验。

但是由于我国的金融技术普及尚处于一个比较落后的状态，尤其关于政府公共融资方面的著述更鲜有所见。因此，对于地方政府而言，市场化的融资方式和手段有哪些，这些融资方式适合在什么情况下运用，以及如何运用等等，诸如此类的相关知识可能还比较匮乏。

本书在对国内外公共融资理论和实践进行归纳总结的基础上，结合国内

# 前言 Foreword

的实际情况，介绍了公共融资中常用的一些融资模式和融资工具，包括银行贷款、银团贷款、地方政府债券、国际援助、产业投资基金、资产证券化和信托计划等，基本涵盖了地方政府在实务操作中可能涉及的各种融资工具。此外，本书还简单总结了地方投融资平台和地方金融环境的建设，作为上述融资手段的应用主体和应用基础。

在本书的写作过程中，笔者力求以通俗简明的语言，把相关的概念和模式讲清楚，并重点介绍相关融资方式的操作程序和应用实务，在各章节中还附加了一些经典案例，以便于读者更好的理解。

如果通过本书能为相关经济建设部门的地方领导提供一些有益的借鉴，进而为地方政府解决“融资难”问题作出一些贡献，笔者将不胜欣慰。当然此书也适合地方公共建设的其他各界人士参考。

由于本书涉及知识面之广，而笔者自身相关知识又颇为粗浅，因此难免有疏漏和错误之处，恳请读者批评指正。尤其金融行业的发展日新月异，各种法律法规不断更新，相关金融创新也一刻未停，书中的一些观点不一定能代表当前的最新发展，部分观点甚至可能在读者看到时，已然不具备适用性。希望读者能在掌握相关思想方法的基础上，以不断更新的知识和咨询，在实践过程中甄别运用。

中央财经大学的姚惠宇同学参与了本书第一至十章的编写。在此表示衷心感谢。

作　者

2010年4月于北京

# Contents 目录

# 目录 Contents

# Contents 目录

## 第九章 信托融资



## 第十章 产业投资基金



## 第十一章 地方投融资平台建设



## 索 引

图索引

# 目录 Contents



## 表索引

Contents 目录



## 专栏索引



## 案例索引

# 目录 Contents

# 第一章 公共金融的范畴

## 1. 地方政府的经济职能

政府职能，亦称行政职能，是国家行政机关依法对国家和社会公共事务进行管理时应承担的职责和所具有的功能。政府职能反映着公共行政的基本内容和活动方向，是公共行政的本质表现。政府职能包括政治职能、社会职能和经济职能。其中，经济职能是指政府为经济的发展，对社会经济生活进行管理的职能。随着我国计划经济体制向社会主义市场经济体制的转变，我国地方政府的主要经济职能也在日益变化和完善。

（1）市场建设与监管职能

地方政府是市场秩序的监管者和维护者。地方政府应努力维护公平竞争的市场秩序，及时有效地制止不正当竞争行为，为市场发育创造良好的环境和条件，以加快市场化进程。由于我国的市场发育受到社会历史条件特别是传统计划经济体制的严重制约，在市场化进程中，要拆除市场发展所面临的各种障碍，建立起能够促进市场发展的机构和经济条件，地方政府必须发挥重要的管理推动作用。

（2）产业调控职能

在我国目前的经济发展中，加快经济发展方式转变和经济结构调整已成为经济发展的主线。解决目前不合理状况的新思路，主要是在市场经济体制创新过程中，建立一个能够兼顾各种经济利益主体关系的产业协调模式。产业协调模式是政府为了实现产业发展或产业结构调整目标，通过各种直接或间接的约束或引导方式，对经济主体行为进行制度规范和政策调节，并且由此形成的制度安排。这就需要地方政府在规划调控产业结构，培育发展优势产业，积极引导具有“科技含量高、经济效益高、资源消耗低、环境污染低”的“两高两低”产业中起到主导作用。

(3) 区域经济规划职能

区域规划是为实现特定地区范围的开发和建设目标而进行的总体部署，包括区际规划和区内规划。区际规划主要解决区域之间的发展不平衡或区际分工协作问题，区内规划是对一定区域内的社会经济发展和建设布局进行全面规划。

地方政府区域经济规划的政策目标包括：在全面分析评价区域资源与建设条件基础上，扬长避短，发挥地区优势，明确经济发展方向和地域开发方向；改善工业布局，包括对老基地的调整和改造，对新建骨干企业的选址定点，新老企业在一定地域范围的协调组合，正确处理工业布点的集中与分散的矛盾；合理安排农林牧副渔的用地结构和商品性农业生产基地的建设布局，妥善解决工农业和各项建设间的用地矛盾；对区域内城镇人口的增长趋势进行预测，并在区域分析的基础上确定各主要城镇的性质、规模和布局，组织城乡居民点体系中各类城镇间和城乡间的合理分工与联系；使交通运输、能源、给排水、通信、生活服务等各项基础设施的布局同工农业生产和城镇居民点的布局相互协调配合；搞好环境整治，防止重要水源地、城镇、风景游览区污染，对自然生态区和文物古迹严加保护，逐步恢复被破坏的生态平衡，使其向良性发展，改善和美化环境。



(4) 公共产品供给职能

所谓公共产品，是指那些能够同时供多人共享的产品和劳务，并且供给它的成本与享用它的效果并不随享用它的人数规模的变化而变化，如公共设施、环境保护、文化科学教育等。正是由于公共产品具有非排他性和非竞争性特征，一个人对公共产品的消费并不会导致别人对该产品消费的减少，于是只要有公共产品存在，大家就都可以消费，由此必然导致“搭便车”现象，其结果便很可能是大家都不提供公共产品；而缺乏必要的公共产品，便会大大降低资源配置的效率。因此，地方政府应当以社会管理者的身份组织和实现公共产品的供给，注重公共产品投资，并对公共产品的使用进行监管。比如，基础设施建设项目一般具有一次性投资规模大、建设周期长、直接经济效益较低等特征，同时，这类投资往往有很强的外部效应，私人企业一般都不愿投资，这就需要由地方政府组织与实现这类公共产品的供给。

(5) 公共福利供给职能

公共福利是社会福利的重要项目，它是为满足全体社会成员的物质及精神生活基本需要而兴办的公益性设施和提供的相关服务。公共福利的内容十分广泛，涉及人民生活的诸多方面，教育福利、卫生福利、文化康乐福利以及住房福利等都属于公共福利。为居民提供合理的公共福利项目，是衡量地方政府执政成果的重要组成部分。

改革开放30年来，我国地方政府经济职能经历了一个复杂的演变过程。在计划经济时期，地方政府与中央政府经济职能高度一致，地方政府作为中央政府的代理人，全面参与宏观和微观经济事务。而在转型期，地方政府经济职能发生了巨大的变化。地方政府在积极推动区域经济快速地发展和市场化改革的同时，进行了财税体制、金融体制和计划体制等一系列改革，地方政府经济职能逐步由经济建设为主、培育市场和作为市场的投资主体向提供公共产品为主、规范市场并为市场经济发展创造良好的环境转型。



### 2. 地方政府的投资管理

由于公共设施和公共产品的社会公共属性，这就决定了其投资管理的主体必须是社会公共组织或公共部门。针对各种公共设施的投资管理就是对公共产品和准公共产品实施的管理，目的是要为社会公众及时有效的提供充足优质的公共产品和准公共产品。

市场经济的发展要求地方政府具有现代的投资职能。在成熟的市场经济条件下，政府和企业在投资领域担负的职能是完全不同的。

对于各类公共设施的投资管理就是要保证和发展公众利益，其管理绩效应采用服务数量；质量、满足社会需求的程度等指标进行多维评价和测量，而不能简单地用利润和效率作标准来评价和测度。虽然这并不排斥政府在追求综合效益的前提下争取项目本身更好的投资效益，也不排斥政府授权的管理组织对国有资产进行保值增值的经营活动。但是不以盈利作为出发点和最终目标，是政府投资和企业投资最本质的区别。

具体来说，市场经济条件下地方政府在投资领域的主要职能包括：

(1) 优化辖区资源配置，提供地方公共产品，弥补私人产品的不足。政府的天然投资领域主要包括三大类，即具有非竞争性和非排他性的地方公共产品；市场属性很弱的公共服务系统；具有自然垄断性的社会基础设施。此外，还包括一些社会效益好而经济效益差的外部经济项目，也需要政府投资弥补私人投资不足的空缺。

(2) 促进辖区结构调整，从而确保资源配置效率，实现产业结构优化、地区结构均衡以及城乡结构合理的发展目标。在一些政府主导型的市场经济国家，地方政府在地区结构调整方面发挥着很大的作用。尤其在我国二元经济明显、地区差距日益扩大的情况下，加大地方政府对产业结构、地区结构以及城乡结构的调整力度意义重大。

地方政府主要通过减免地方税、实施财政贴息和财政担保或提供低息贷款以及进行转移支付等手段，吸引高新技术进入本地区，鼓励扶持发展高效优质产业。加大对辖区内落后地区和农村地区的投资力度，缓解地区经济发展不平衡和尽快使农村实现城镇化。同时行使投资项目的管理权，通过对项目间接效益和社会效益的综合评价，否决一些落后技术项目、对本地区环境保护及资源有效利用有不利影响的项目以及经济效益小于地区需支付的间接成本的项目。这也是我国进入21世纪，实施结构调整、发挥地方政府投资职能的重要内容。

(3) 提高辖区社会福利水平。有些公益性项目，市场不仅不能提供，而且依靠它市场才能有效运转。如文化、体育、教育、环保等事业的投资以及用于满足社会公平、改善人们的生活环境、提高人们的生活质量的投资项目。具体包括提供初等义务教育，提倡全民健身并相应提供部分服务设施或场所，建设水电气热等公用设施以及城市给排水系统，建设城市广场和公共绿地等公益项目，建造并维护剧院、博物馆、公园等文化娱乐场所，投资住宅建设以及进行工业污染的防治和生活垃圾的收集与处理等。上述公益性项目的投资供给水平直接影响辖区内居民的社会福利水平。

政府投资项目，可以按照有无收费机制和资金流入分为两类，即经营性与非经营性项目。非经营性项目是指无收费机制、无资金流入的项目，其目的是为了获取社会效益和环境效益，这是市场失效而政府有效的部分，市场调节难以对此起作用，这类投资职能只能由代表公共利益的政府财政来承担。第二类为经营性项目，此类项目有收费机制和资金流入，但根据能否盈利又可以分为两小类，即纯经营性项目和准经营性项目。其中，纯经营性项目，即营利性项目，可通过市场进行有效配置，其动机与目的是利润的最大化，其投资形成是价值增值过程，可通过全社会投资加以实现；准经营性项目有收费机制和资金流入，具有潜在的利润，但因其政策及收费价格没有到位等客观因素，无法收回成本，附带部分公益性，是市场失效或低效的部分。准经营性项目由于其经济效益不够明显，市场运行的结果将不可避免地形成亏损，需要通过政府适当贴息或政策优惠维持运营，待其价格逐步到位及条件成熟时，即可发展成纯经营性项目。

在各类政府投资领域中，中央政府与地方政府的关系是一种股份合作关系和委托代理关系。地方向中央交税和中央向地方转移支付都相当于投资，是为了共同发展公共产品生产。投资双方互相监督和制约，以避免投资决策失误和实现利益共享。从日本的情况来看，20 世纪 90 年代初，在公共投资中中央政府投资约占 20%，国有企业投资约占 14%，地方政府的投资则高达 60%以上。国家和地方在公共产品和服务中的最终支出比例大体如表 1 所示：



**表 1　国家和地方在公共产品和服务中的支出比例**

| 项　　目 | 中央政府投资比例（%） | 地方政府投资比例（%） |
|---|---|---|
| 教　育　费 | 12 | 88 |
| 国土保护及开发费 | 23 | 77 |
| 社会保障费 | 42 | 58 |
| 农产品价格补贴 | 42 | 58 |
| 行政机关事业费 | 21 | 79 |
| 公 债 支 出 | 64 | 36 |
| 国　防　费 | 100 | 0 |

**专栏1 投资的四要素**

在现实经济活动中从事一项投资活动，首先要遇到投资的目的是什么，由谁来投资，向什么投资，用什么方式进行投资等基本问题，也就是要明确投资主体、投资目的、投资客体、投资方式四个基本问题。

投资主体。投资主体是指具有独立投资决策权，并对投资负有责任和享有权益的经济法人或自然人。在现实的社会经济生活中投资主体是多元化的，主要有各级政府、企业和社会团体、自然人等。

投资目的。投资主体投入一定量的货币和其他生产要素，其目的是为了获取未来的预期收益。未来的预期收益包括经济效益、社会效益和环境效益等诸多方面，通常以货币量来衡量经济效益。

投资客体。投资客体即投资对象、目标或标的物，解决的是向什么投资的问题。投资客体表现出多样性，可以是将资金直接投入建设项目形成固定资本和流动资本，也可以进行人力资本投资以形成新的人力资本，还可以进行股票、债券、股权投资以形成金融资本等。

投资方式。投资方式是指投入资本运用的形式与方法。投资可以采用直接投资方式把资金投入建设项目形成实物资产，也可以间接投资方式如通过购买有价证券进行投资等。

### 3. 地方政府的融资管理

政府融资管理的目标是从宏观管理角度出发，加快城市公共设施建设资金的筹集速度，拓宽资金的来源渠道，优化资金的项目配置，促进公共设施建设水平的迅速提高，以满足城市化、工业化时代人们对公共设施的需求。

公共产品的性质决定了政府在提供公共产品中的主导地位。但是，长期以来，地方政府提供公共产品所需的资金主要是通过收取税费获得的财政资金，虽然近年来我国政府财政收入持续增加，加大了对公共产品的投入，但是，仍然不能满足经济社会发展对公共产品日益增长的需求，资金供给严重不足成为城乡公共产品供给水平落后的直接原因。因此，运用金融市场多样化的投融资手段，满足公共产品尤其是城乡基础设施建设的资金需求，是地方政府应当重点关注和学习的问题。

所谓融资就是投资主体为了一定的投资目的，除通过自身力量提供项目资本金外，还需要向其他投资者或金融机构、金融市场融入资金的活动，通常表现为向银行贷款、发行债券或股票上市融资等。在公共项目领域，从主要依靠政府投资逐渐发展到以市场融资为主，将是一个长期的过程。

根据融资方式的不同，大致可以分为财政融资、信贷融资、证券融资、股本融资、信托融资等五种方式。

财政融资，是指在财政支出预算中安排的直接用于公共项目建设的资金投入和以财政资金作为担保而借入的资金。这部分资金中包括申请国家和省的预算内资金或国债资金。

信贷融资，是指从银行等金融机构按市场经济原则融入的项目建设资金。在我国，承担城市基础设施项目信贷融资的承贷银行主要是国家开发银行，特别是近几年来国家开发银行推出的针对城市基础设施的政府信用贷款，探索出了城市基础设施信贷融资的新模式。

证券融资，是指通过在证券市场发行股票或债券获得项目建设所需的资金。

股本融资，是指通过对投资主体进行股份制改造，吸收新的投资者，尤其是多元化的机构投资者，以实现融资的模式。

信托融资，是指通过设计合适的信托品种，为公共项目建设融资的模式。



### 专栏2 融资模式和融资结构

融资模式，是指社会资金由盈余部门（资金供给者）向赤字部门（资金需求者）转移的形式、手段和渠道。如公司以发行债券、股票的形式通过证券市场向社会筹措资金，采用的就是债券、股票融资模式；公司以向银行借款的形式筹集资金，采用的是银行借贷融资模式；公司以向供货商延期付款的形式占用供货商的资金，则是一种商业信用融资模式。从总体上看，资金来源的多样性决定了融资模式的多样性。

根据融资过程中资金来源的不同，可以将融资模式分为内源融资和外源融资。内源融资是政府或企业从内部筹措资金的一种模式，包括公司设立时股东投入的股本、折旧基金以及各种形式的公积金、公益金和未分配利润等留存收益，还包括公司股利分配中发放的股票股利。外源融资是公司从外部其他经济主体筹措资金的一种模式，包括发行股票和公司债券、向银行等金融机构借款、商业信用融资和金融租赁等。

根据金融中介机构在融资过程中发挥的作用可以将融资模式分为直接融资和间接融资。直接融资指公司通过出售有价证券，直接向资金供给者筹措资金的一种融资模式，这一融资模式借助于一定的金融工具将出资者和资金需求者联系在一起，实现资金由供给者向需求者的转移。发行股票、债券、商业票据等都属于直接融资。间接融资是指由商业银行等金融中介结构通过发行辅助证券的模式，将社会闲散资金集中起来，然后再提供给资金需求者的一种融资模式。



根据出资人的权利义务不同，融资模式还可分为股权融资和债权融资。股权融资是公司向其股东筹措资金的一种模式。股权融资获取的资金形成公司的股本，股本代表着对公司的所有权。债权融资获取的资金形成公司的债务，代表着对公司的债权。

融资结构是指融资主体各项资金的来源、组合及其相互关系。融资主体选择的融资模式不同以及在各融资模式下确定的融资量不同，就会形成不同的融资结构。融资结构的表现形式主要包括：直接融资比例和间接融资比例；内源融资比例和外源融资比例；股权融资比例和债券融资比例；长期资本比例和短期资本比例等。

由于资金由短期资金和长期资金构成，因而融资结构又有短期融资结构和长期融资结构之分，其中长期融资结构即资本结构。融资结构研究的重点是资本结构。这是因为：（1）长期资金是公司资金的主体，是公司经营活动的基础。公司能否获取足够的、稳定的长期资金，直接关系到其生存和发展。（2）长期资金包括权益资本和长期负债。权益资本是股东投入的资本，是公司对外负债的基础；长期负债不仅数额大，而且利率也高。

融资活动总是借助于一定的融资模式进行的，地方政府选择的融资模式不同以及各种融资模式下的融资规模不同，就会形成不同的融资结构。可见，融资模式和融资结构是两个密切相关的概念。地方政府融资决策的核心就是确定最优融资结构和资本结构，这不仅需要研究各种融资模式下获得资金的可行性，而且还要研究各种融资结构下的融资成本和融资风险。

### 4. 地方金融环境建设

地方政府在区域性金融环境建设中的作用主要表现在以下几个方面：

（1）优化当地金融发展环境。提供良好的基础设施、人文环境、管理水平和综合服务；扩大金融宣传途径，普及现代金融知识；搭建政府监管部门、金融机构、中介机构、上市公司、工商企业间的沟通交流机制和合作平台。



（2）制定吸引金融机构的优惠政策。2005年初，北京市有关部门出台了《关于促进首都金融产业发展的意见》，其主要内容是对新设在北京和新迁入北京的金融企业给予500万元至1000万元的资金补贴；金融企业购房享受每平方米1000元、租房享受累计一年租金的财政补贴；金融企业高级管理人员享受最高30万元的退税；金融企业员工住房公积金提取比例不受国家规定的上限限制，户口进京和子女就学享受优惠政策等。这些政策对于吸引金融机构入驻，形成金融产业聚集发挥了积极的作用。

（3）建设区域金融市场。2004年，国务院发布的《关于推进资本市场改革开放和稳定发展的若干意见》提出“要建立健全满足不同类型企业融资需求的多层次资本市场体系”。中国未来多层次的资本市场将由股票市场、债券市场、中长期信贷市场和金融衍生品市场组成，每一个市场形态都将呈现为自上而下、由高级到低级的金字塔架构。其中，建设包括企业股权交易、土地交易和知识产权交易的各类产权交易中心，对于繁荣区域的市场活跃程度，推动区域经济要素的合理高效流动，有着十分重要的意义。

(4) 信用体系建设。信用是金融体系正常运行的基础。政府积极采取措施，改善本地区执法环境，保护金融机构等债权人的合法权益；加强对本地区企业和个人诚实、守信的道德教育，减少企业逃废金融债务行为，改善本地区的信用环境，是区域金融环境建设重要的组成部分。

(5) 化解金融风险，维护当地金融安全。与金融行业监管部门加强沟通，掌握辖区内金融机构的风险状况；发现隐患后，与监管部门共商对策，动用掌握的资源及时化解；坚决贯彻执行国家关于维护金融稳定的各项政策。

### 专栏 3　地方配套资金缺口怎样补



要彻底解决配套资金的缺口，就需要广开“财”路，在增加地方政府财力的同时，更要注重调动社会力量，通过市场化融资方式，吸引更多的民间资本参与其中。

近日，发改委公布了 4 万亿元投资构成及中央投资项目最新进展情况：从 2008 年第四季度到 2009 年 4 月，中央投资已经先后安排了三批共 3000 亿元资金，主要用于保障性住房、农村民生工程和农村基础设施、重大基础设施等六个方面的建设。在中央投资的带动和影响下，1—4 月份全国城镇固定资产投资同比增长 30.5%，高于 2008 年同期和 2009 年一季度，为扩大内需促进经济增长起到了重要作用。

不过，4 万亿投资计划在具体落实中，也存在一些隐忧。审计署关于项目资金的审计情况表明，在重点抽查的 335 个新增投资项目中，中央投资资金到位率 94.01%，而地方配套资金到位率只有 47.98%。不少人担心，地方配套资金不到位，可能导致有些项目不能按计划及时开工，或者已开工的项目进展缓慢，甚至可能出现“半拉子”工程，使新增投资项目难以发挥应有的作用。

分析起来，地方配套资金不足的原因，主要还是地方政府财力较弱。特别是2008年第四季度以来，受国际金融危机影响，我国经济增长放缓，企业效益下滑，财政收入来源减少；加上实施积极的财政政策，进行结构性减税，财政收入出现大幅度下降。一边是财政收入减少，而另一边则是新增投资项目大量上马，地方配套资金难免会出现“缺口”。

为解决地方政府财力不足问题，国务院批准由财政代理发行2000亿元地方政府债券。所募集的资金，主要用于为中央新增投资项目进行配套。截至2009年4月底，财政部已代理发行了23个省、市、自治区26期地方债，共筹资1118亿元。相信随着2000亿元地方政府债券的陆续发行，地方配套资金到位率较低的状况有望得到明显改观。

地方配套资金不足，是多年来一直存在的“老大难”问题,在一些经济欠发达地区表现更为突出。解决问题的根本途径，是大力发展地方经济，增加地方税收收入。但发展经济是一个长期的过程，不可能一蹴而就。要解决眼下的困难，还需要加大中央财政转移支付的力度，弥补这些地区政府财力的不足。此外，一些经济欠发达的西部省份都是资源大省，可以通过资源税改革，把更多的税收收入留在地方，来增强地方财政实力。

中央新增投资项目配套资金的来源，除了地方财政预算、中央代发的地方债之外，还包括政策性贷款、企业债券和中期票据、银行贷款以及吸引民间投资等多个方面。因此，要彻底解决配套资金的缺口，就需要广开“财”路，在增加地方政府财力的同时，更要注重调动各方力量，通过市场化融资方式，吸引更多的民间资本参与其中。

比如，对于一些市场化筹资的难度比较大的民生工程项目，可以政府投资为主；而像铁路、机场、公路、城市电网改造等建设项目，投资建成后是有收益的，就应该通过市场化方式去筹集资金；而对于目前看来投资回报率不高的节能减排、生态建设等项目，则可以通过财政补贴、税收优惠等政策支持，减轻投资成本和负担，带动社会投资进入。这样不仅能弥补地方配套资金不足，更可为中国经济引入源头活水，使经济发展的后劲更足。

# 第二章　发达国家公共项目投融资概况

## 1. 美国公共项目投融资概况

（1）政府在公共项目投资中的角色

列入美国政府预算的投资主要是改善社会和经济发展环境方面的项目，如公路、城市设施、高科技、监狱和学校等。各级政府根据其职权范围的划分，在投资活动的出资和审批上各有分工。联邦政府主要负责涉及国家安全或者需要巨大投资的项目，如国家公路和州际交通、国防、宇航和其他投资巨大的高科技项目；州政府负责州内的交通、供水、污水处理、消防和社会治安等的建设；县政府负责县属的学校和福利设施的建设。



州政府对公共建设的投资比重平均约占政府部门对公共建设投资总额的70%，因此州政府对公共项目的投资在政府部门中占主导地位。城市供水、城市交通和污水处理是州政府最多的三项支出。

州政府管理公共项目的部门根据地方发展规划制定公共项目建设或更新计划，并负责开展项目筹划、经费预算和可行性研究，然后将计划提交主管部门审批。如果项目需要联邦政府投资，则要由联邦政府的有关部门进行相关的审核。联邦政府不直接参与对公共项目的建设，而主要采取拨款的形式间接参与。统计表明，接近90%的公共项目是由州政府或地方政府拥有，联邦政府只占10%左右。

（2）　公共项目的资金来源

各级政府用于公共项目建设的预算资金主要来自税收。美国经常性的税收主要有财产税、销售税（企业税或营业税）、所得税。财产税归县级政府支配；销售税（企业税或营业税）由州政府掌握；所得税交联邦政府，其中的一部分再返还给州政府。另外，还征收汽油消费税补贴公路的建设。近些年，由于预算的不足，已不能满足公共设施建设的需要，各级政府都设法开辟一些其他的资金来源。主要包括：

a. 在正常的税收之外，开辟专项建设税费，原则是“谁受益、谁出钱”。例如，波特兰市有一个社区要修一条人行道，政府没有足够的预算经费，要求社区内的居民出一部分建设费用，征求该社区居民的意见后，政府制定了收费的方案，在议会通过之后，由政府出面组织收费和建设。

b. 发行市政债券。对于建成后可以收费的项目，如机场、收费公路、桥梁、隧道等项目，许多地方政府采取发行债券的办法筹资。如波特兰市机场扩建的 10 亿美元投资，50%是靠发行债券解决的，另外 50%的资金是从机场降落、租赁场地、商店承包、设施使用及一些临时性的收费中筹集的。

c. 鼓励私人部门投资。近些年，一些原来完全由政府投资的公共项目开始鼓励私人部门参与投资。如波特兰市在与华盛顿州交界的哥伦比亚河上新建的 5 号码头，建设资金的 10%是政府筹集的，其余资金则由私人企业投入。政府为了鼓励私人企业投资，提供了一些优惠条件，如免交财产税、有权购置港口附近的土地、可以租赁使用港口、可以出售低利率的债券等。

d. 由政府提供信用担保，鼓励私人部门参与公共项目建设。如在南加利福尼亚州有一条国道，由于过于拥挤需要扩建，建设费用需要 11 亿美元，而联邦政府和州政府都拿不出这么多钱。于是由州政府负责 35%的建设费用，而其他 65%由私人开发公司承包，并由开发公司发行政府提供担保的建设债券。如果公路运营之后的收益达不到预期的收益，联邦政府负责提供贷款并予以资助，以保证运营成本和偿还债券的本息。

(3) 发达的市政债券体系

在美国，市政债券是指由地方政府及其授权机构发行的，为一般支出或特定项目融资的有价证券。市政债券是美国公共建设融资的重要工具，在地方政府对公共项目的投资中，30%以上的资金来源于发行市政债券融资。

美国的市政债券市场发达，众多的金融机构、投资者和中介服务机构共同构成了市政债券市场。地方政府是债券的发行人，根据地方政府的发行意图，由专业的投资银行来进行债券的设计和承销，并将债券发售给资本市场上的各类投资者。市场上还有专门的评级机构对债券的信用和表现进行评价，有债券保险公司对债券的风险进行承保，此外还有大量的金融中介机构专门从事债券的研究和交易工作。

另外，美国非常重视市政债券市场的监管和规范。1975年，美国国会组建了市政债券条例制定委员会（MSRB），负责制定市政债券市场的监管条例。经过美国证券交易委员会批准，在全国证券交易商协会设立了专门监管市政债券交易商的部门，对市政债券的交易进行监管。据美国债券市场协会的资料，截至1999年12月，美国债券市场的存量达到12.8万亿美元，其中市政债券的存量约占到总量的13%。



根据美国《1986年税收改革法案》规定，市政债券按照所享受税收待遇的不同分为三种类型：用于公共目的的债券，其利息收入免缴联邦所得税；用于私人项目的债券需要交联邦所得税，但可以免缴债券发行所在州的所得税和地方政府的所得税；既非政府目的，又非私人目的的债券，如住宅与学生贷款，也是免税的，但发行数量受到限制，而且利息收入被作为选择性最低税收的优先项目。目前，美国绝大多数市政债券都是用于公共目的的免税债券。

根据信用基础的不同，市政债券又分为一般债务债券和收益债券两大类。一般债务债券是以地方政府的税收收入作为偿还基础，某些债券还附加了规费、拨款和专项收费来保证，又被称为双重担保债券。一般债券的本金和利息定期支付，违约的情况极为罕见，风险极低。收益债券主要针对具有经常性收入的公共项目，包括交通设施（收费桥、收费公路、港口、机场）、医院、大学宿舍、公用事业（供水设施、污水处理设施、供电实施、供气设施）等，债务通过这些设施的有偿使用收入来偿还，政府并不以自身的信用来担保。因此收益债券的风险要比一般债券的风险大，所以利息率也较高。

市政债券作为一种重要的金融市场工具，一方面给为数众多的城市公共建设项目筹集到了大量的资金。另一方面，由于债券风险低，收入稳定，同时还享有税收优惠，因此也满足了大量投资者的需要。

## 2. 法国公共项目投融资概况

(1) 法国公共项目投融资的特点

法国公共项目建设投融资有以下的特点：

a. 政府是建设项目的投资主体。法国把公共建设分为两类：一类是非经营性的但社会效益非常大的项目，如城市道路、地铁等，这类项目完全由政府财政预算投入，如果财政资金不能满足投资需求，则由政府向银行贷款，但贷款数额必须控制在财政长期预算收入可偿还的范围内；另一类是经营性的或可收费的项目，如供水、供气、污水处理、垃圾处理等，政府倾向于尽量由企业参与，并通过市场融资，以减少纳税人的负担。视项目的重要程度，政府可提供一定比例的注册资本金。



b. 各级政府在项目投资中有明确的责任与分工。对于影响重大的项目，主要由中央政府投资，如巴黎的香榭丽舍大街、内外环线都由法国政府投资。城市一般性的公共建设项目，中央政府投资也占有很大比重，但是各级地方政府和企业也会承担相应的投资责任。

c. 政府掌握特许经营的授予权。特许经营是法国公共项目经营的重要特点。对于自然垄断行业，如自来水供应、燃气供应、污水处理等，在政府决定建设某一项目后，通过公开招标选择一家优势企业，特许其进入该项目的经营。政府还会与中标企业签订协议，保证政府提出的建设和长期经营目标能够实现。法国从事城市公共设施运营的主要是一些全国性的公司，如城市交通、煤气、电力公司等都是全国性的，参与各个城市的公交、供气、供电的经营管理。

d. 采取多种方式筹集建设资金。对于经营性的公共项目，广泛采取银行贷款、项目融资、BOT 融资等国际通行的方式筹集资金。如拟建一个垃圾处理厂，政府与私营租赁公司签订协议，政府授予租赁公司特许经营权，租赁公司负责项目投资、建设和运营。在项目运营期间内（如50年），政府每年支付租金，租赁公司则拥有企业财产所有权和经营权。

e. 重视对项目建设的前期规划。法国政府充分发挥国土规划和城市规划在公共项目建设中的指导作用，规划会从布局、交通、自然生态和城市环境等各方面考虑对城市环境和居民生活的保障。政府对公共项目的建设都要做出长期规划，规划期可达10年。具体项目一般由行业协会提出，由政府或议会做出审批决策。大型公共项目还要经市民民意测验和讨论，讨论范围涉及法规、项目建设内容、建设规模、建设期限、资金来源等各个方面。无论是国营还是私营的水厂、管网建设，都必须服从城市规划，有计划、有步骤地进行建设。政府在审批过程中，要通过非常细致、严格的核算，确定项目的规模和投资，同时确定项目总投资额中各级政府投资的比例。项目一旦批准，则建设时间、工期、投资不得改变。由于前期准备充分，一般都能够保证建设项目按计划实施，如期投入使用。



（2）公共项目的资金来源

a. 地方税收。法国大区、省及市镇财政的基本收入是地方税。地方税由地方政府制定，国家税务部负责征收。税种包括企业税、住房税、地产税等。企业税收收入占全部税收的59%，国家有权对此项税收进行调配，以解决地区发展不平衡的问题。

b. 经营开发与分摊税。法国法律规定，超过2万人的市镇联合体可以征收垃圾处理税（由地产所有者负担）、交通税（由企业负担）。遵循法律规定，此税种由国家、大区和有关机构监控，由地方政府征收。

c. 城市规划税和开发税。根据法国《城市规划法典》，并报省或有关公务机构批准，地方政府可以收取城市规划税和开发税。所收取的税额与工程建设项目必需的投资成相应比例。

d. 国家拨款。国家拨出一定的资金，用于市镇联合体和有关的公共服务实施的建设。对公共服务设施建设的拨款有两类：一类是对大市镇实行一次性拨款，用于投资建设工程；另一类是对小市镇以财政资助的形式参与投资建设。1982年，国家权力下放后，国家不再分散、分项拨款给地方，而是通过协议的方式拨款。为了与地方共同建设一些工程项目，国家与26个大区制定了《城市公共建设和公共交通服务项目五年计划》，达成协议以推进城市公共建设和公共服务项目的建设。与此同时，大区与市镇联合体达成乡村经济发展计划的协议，促进乡村经济发展与公共建设的建设。

e. 此外的资金来源还包括银行贷款，企业投资，私人机构投资，发行长期债券，保险公司、保险年金投资等其他资金来源。

(3) 成熟的特许经营制度

法国公用事业实行特许经营制度的历史十分悠久，积累了丰富的经验，在世界范围内得到广泛的推广，被世界银行称为“真正的法国模式”。

在实践中，特许经营方式是多样的，因此给特许经营制度下一个准确的定义非常困难。简单地理解，特许经营制度就是：政府的事（公用事业），通过合同约定，交给企业去办（经营）。经济学家奥比认为，特许经营制度是指行政部门，即经营权发租方，将公用事业经营权交给私人机构（有时是公立机构），即经营权承租方，由其通过对用户征收租金等手段以及其他有利条件，对所承租的公用事业进行开发管理，自负盈亏，并承担各种风险。



在17世纪，法国人就成功的应用特许经营方式，求助于私人企业建造军舰和港口等公共建设，以此补充国家财政的不足，迅速地发展了自己的海军。在18世纪，利用特许经营来修建运河和桥梁。在19世纪，利用特许经营来开发经营铁路、供水、照明、交通等城市公用设施。到了现代，尤其是20世纪70年代以来，这种做法更是形成了一种模式和理论，并广泛地应用于高速公路、供电、通信、有线电视、城市供暖、垃圾处理、污水处理、停车场、甚至监狱等设施的建设和经营。

特许经营的形式各式各样。从特许内容上看可以是设计、施工、经营、管理，即公用事业建设经营的全部也可以是其中的一部分。从发租者看，作为经营权发租者的行政机构也有很大的区别，法国的国家、省、市镇及其下属公共部门都可以成为发租者，而且他们既可以单独也可以联合起来扮演发租者的角色。从承租者看，可以是私营的，也可以是国营的，或者是公私合营的。但不管上述因素怎样组合，从其本质上划分，特许经营有三种主要形式，或者说有三种主要的契约关系：

全部风险特许经营（CRI）。承租企业对承租的公用事业开发经营，自负盈亏，并承担各种风险。这种方式政府不承担风险责任，适用于企业对某一公用事业相关市场的全面开发和经营管理。比如早期的供水特许经营合同，BOT 方式也属于全部风险特许经营。

共担风险特许经营（CRP）。承租企业承担项目建设和经营过程中的技术风险，并投入部分资金，承担一定的投资风险，其他的投资风险则由政府分担。常讲的租赁方式就属于这种方式。

有限风险特许经营（CRL）。承租企业不能从用户身上获得足够的营业收入来覆盖运营成本，政府就必须从财政预算中为其支取报酬，因此承租企业承担有限风险。这种方式适用于客源不明、不依靠用户的支付能力维持公共设施的投资运营的项目。比如公共交通，目前法国公共交通每年会得到财政大约 50%的运营成本补助。



### 3. 德国公共项目投融资概况

德国公共项目建设分别由专门的管理机构负责管理，如建房由建房部管理，道路由道路部管理。而州一级政府的投资管理只包含两个方面：道路和公用建筑。

德国的道路管理包含两级机构，一级负责联邦的道路管理，主要负责跨州的远程道路建设；一级负责州级的道路建设和管理。联邦财政投资于道路建设的资金主要来源于汽车税，这部分资金直接拨给联邦交通部，资金的使用由交通部决定，但财政部要参与项目的决策。州级道路建设的投资要由议会讨论决定，每年的投资数量是固定的，只能在这个范围内讨论。因为州一级基本上没有大的道路建设项目，所以财政部基本上不参与建设项目的管理。当财政资金不足时，也考虑其他的融资渠道，主要有两种形式：一种形式是私人先期投资。所谓私人先期投资是指项目先由私人投资建设，建成后收购归政府所有。另一种形式是私人投资，即公路建设项目完全由私人投资，建成后也由私人管理，利用道路收费收回投资。

在德国，财政对铁路建设的投资方式主要有两种：一是对有经济效益的项目，政府给铁路公司提供无息贷款，铁路建成后15—20年还清贷款；二是对亏损经营的铁路段，财政给予补贴，铁路公司根据经营效益的预测，向财政部提出补贴申请，由财政部决定补贴的比例和数量。

州级财政参与较多的是在公用设施建设方面，根据基本法和地方政府法，各州都有自己的公共事业建设和管理任务，但各州的情况不大一样。

因为公用设施种类较多，形式多样，这就需要政府对项目预算的准确性进行审查，在建设过程中也要对资金的使用进行检查、监督。由于总的投资预算是确定的，因此一般情况下不允许超预算。如果超预算数目过大，需要经议会批准。



德国地方政府分市、县、区三级。根据财政分工，地方财政投资的主要对象是城市公共建设，如供电、供暖、垃圾清除、地方道路等。

根据基本法和地方政府法，地方政府有决定自己事务的权力，地方财政支出必须按一定的比例用于公共设施建设。各级地方政府的财政收入因经济状况的不同而有差别。在巴伐利亚州，为了支持贫困和落后地区的发展，州财政支出中每年有25%转移给地方，用于公共设施建设。通过这种转移支付制度，使贫困地区之间的公共建设水平保持基本平衡。

地方政府的资金来源主要通过这样几种渠道：一是税收，地方税收收入包括土地税、工商收入所得税和工商资本所得税、地方在收入税中所得的份额、以及娱乐税等；二是收费，地方收费包括管理服务费、公共设施使用费、公共设施融资费和城市建设费；三是向州政府申请的专项资金；四是向银行贷款。

比较常用的融资方式还有：租赁融资，对于污水和垃圾处理设施，先由银行或私人企业投资兴建，再由管理部门租赁使用，用分期付款的方式买回所有权；利用收费权或其他债券向银行贴现融资；利用地方储蓄银行的贷款。

**案例 1　柏林市的市政设施建设**

德国统一后，联邦政府决定将首都由波恩迁至柏林，迁都工作到 1999 年完成。为了实现迁都，柏林集中进行了大规模的市政设施建设。

柏林市在市政设施建设中主要采取了两种投资方式：一种是传统的公共投资方式。先由主管部门提出项目申请，同时提供计划材料，然后由市财政委员会决定是否立项。市政府每年都有投资预算，同时还有五年投资计划，市政府提出后由议会批准。一旦批准立项和投资规模后，承建单位就会需要多少钱花多少钱，而不会节约投资。一个项目如果周期在 2—3 年，那么整个投资就要分期拨到项目上。一旦财政收入减少，原计划的项目就要拖延，这样又会使项目的造价增高。



另一种方式是利用私人部门投资而不是自己建造。建设项目确定后就开始招标，同时进行融资招标，由企业投标，然后争取银行贷款，政府不再投资，也不管建设。项目建成后，政府可以租赁或购买。柏林市建设的 6 个体育馆，融资和建设都由银行和企业承办，政府只支付一些日常费用。这种做法极大的降低了政府的财政负担，将项目的建设和运营风险转嫁给了银行和建筑企业，同时节省了大量管理和监理人员。还有就是建设周期大大缩短，建设费用减少。据估算，项目的平均建设周期缩短约 30%，经费减少约 25%。如果私人投资成功的话，还可以增加政府税收。

### 4. 发达国家公共项目融资的借鉴

在发达国家的市场经济进程中，政府融资一直是宏观经济活动必不可少的调控手段，成为市场经济成熟发展的助推器。日本、美国、德国等发达国家的地方政府融资体系都很发达，地方债成为国家经济部门借入债务的重要支柱。

不仅如此，随着市场经济的加速发展，一些新兴的工业化国家和其他发展较快的发展中国家的政府融资也异军突起，地方政府自我筹资能力越来越强，在贯彻国家产业发展政策、促进资源合理配置、调节经济周期性波动、维持经济持续稳定发展等方面发挥着举足轻重的作用。

(1) 中央财政转贷

中央财政转贷模式以日本最为典型。中央转贷地方政府的财政资金主要来源有两部分：一部分是号称巨型国营银行的邮政储蓄，另一部分是养老公积金，包括福利年金托管金和国民年金托管金。根据《日本资金运用部资金法》的规定："邮政存款、政府的特别会计公积金和富裕年金及其他资金，根据一定的法令和政策存入资金运用部，作为资金运用部特别会计公积金和富裕金实行综合管理，并向政府系统金融机构和地方公共团体进行投资贷款"。这两部分资金是全国公共投资的资金主体，近年来一直维持在 80%左右，其中邮政储蓄约占到一半。



日本政府长期采取鼓励民间储蓄的政策，为了推动邮政储蓄事业的发展，成立了官民结合的"增强储蓄中央委员会"，取得了巨大成就。这个成绩的取得主要有两方面的原因。第一，第二次世界大战后日本经济发展速度较快，社会闲置的货币较多，而且日本赋税负担较低，居民手中可支配收入较多；第二，日本的社会福利保险制度，不像欧美国家那样完备，人们担心晚年生活无保障，愿意积极从事储蓄。

第二次世界大战后的很长时间内，日本都还属于年轻型的国家，年金获得者比被保险人数要少，因此年金存款能稳定地增加。如 1983 年 3 月末，厚生年金存款累积额达 36.37 兆日元，国民年金达 2.8093 兆日元。邮政储蓄及养老金均由大藏省掌握，但运用这部分资金进行公共投资的政府主体则主要是地方政府。根据国民经济核算资料显示，日本全国公共投资的构成是：中央政府占 22.3%，中央国营企业占 13.6%，地方政府占 64.1%。这说明日本地方政府作为公共投资的实施主体，在公共投资中占有很重要的地位，中央掌握的财政投资资金相当部分转贷给了地方政府。

日本地方政府包括一般政府部门及大多数被分类为公共企业的地方公营企业，它们都是公共投资实施机构，均为财政投资性贷款的对象。其中政府资金是直接借自财政投资性贷款，而公库资金则是通过公营企业金融公库这一金融机构间接借自财政投资性贷款资金。

(2) 发行地方政府债券

无论从深度还是从复杂性来衡量，美国的地方债券市场都是最成熟的。美国的地方政府债券主要以市政债券形式出现。美国的市政债券通过地方政府信用担保、设施收费收益作保障等种种设计，成为公共项目融资的有效工具。

美国是联邦制国家，各级政府管辖权和管辖范围相对独立，联邦政府很少负责地方的建设拨款。这样州市政府仅靠有限的征税权难以满足地方建设需要。市政债券的发行弥补了地方资金的不足，为公共事业建设提供了有力支持。



从发行债券的类别来看，美国市政债券包括一般责任债券（General Obligation Bonds，GObonds）、收益债券（Revenue Bonds）、短期市政融资工具、结构性市政融资等。

从投资价值来看，美国市政债券的利息收入可享受税收优惠，且投资者能够获得偿债保险。此外，这些债券还具有安全性和流动性均较好的特点，因此也获得了资本市场的高度认可。

(3) 筹集民间非债务资金

a. 通过官民合资的模式组建股份公司，以此吸引民间资金。组建公司时除入股资本外，还根据不同需要设计一些无须归还的资金项目，如保证金、会员权证金等。通过资本多元化，即实现了资本规模的扩张，优化了企业的资本结构，同时也有利于建立更加稳定高效的内部治理结构，实现企业经营管理效率的提升。

b. 国营企业的民营化。国营企业的民营化在很多发达国家都有尝试，较为典型的是英国和日本，英国电信公司、英国航空公司、英国天然气公司、英国机场管理局以及供水公司、污水处理厂、电力公司等国营公司的私有化改革，大大缓解了政府的财政压力，提高了城市公共事业的经营效率，取得了很大的成功。又如1986年，日本原国营企业——日本电信电话公司实行民营化，出售部分股票，并将公司改名为NTT。针对股票出让收益的使用，1987年日本专门制定了《关于运用日本电信电话株式会社股票出售的收入以促进社会资本建设的特别措施法》，该法规定股票出售后的一部分收益用于基础设施建设的无息贷款。只要属于非单纯营利性项目，或者有收益但纯属微利性项目，或者公共性项目的项目，均可申请该项贷款。

此外，积极推进公共事业建设和经营领域里的绩优公司上市，也可使部分社会闲散资金迅速转化为建设资金。

c. BOT模式。BOT即建设—营运—转让，指政府通过契约模式把通常由国有单位或政府部门承担的设计、施工、经营、维护以及相应的出资责任转让给私营企业。该企业负责建成此项目后，在合同时间内，对项目拥有所有权、经营权和受益权，并负责向用户收取费用，偿还项目贷款，获得投资回报；特许权期结束后，则将项目无偿转让给当地政府管理。

d. ABS模式。ABS即以项目所属的资产为支撑的证券化融资模式，以项目所拥有的资产为基础，以项目资产可以带来的预期收益为保证，通过在资本市场上发行有价证券来募集资金的一种项目融资模式。ABS作为一种新兴的融资模式，已在许多国家的交通、能源、城市建设、安居工程、农业和旅游业等大型项目中采用，并取得了很好的实效。

综上可见，国外地方政府融资的成功经验主要表现为融资模式的多样化，既有来源于中央财政的贷款和转移支付，又积极吸引民间资本投入，同时还充分利用资本市场发行股票、债券和ABS等金融产品。这些多元化的融资模式为公共事业的建设提供了持续稳定的资金来源。

当然，地方政府融资的模式也是随经济环境的变化而变化的。比如，二十世纪八九十年代以来，日本的人口年龄构成发生变化，面临老龄化困扰，接受年金的人口迅速增加。同时，由于出生率下降，年金保险者却又没有太多的增加，所以财政融资贷款的数量就受到影响。同时，全球经济已经发展进入国际化和信息化的新时代，公用事业建设的需求也日益多元化和复杂化，政府自身的建设和管理能力已经无法独立承担项目的实施。此外，大型项目的单体投资规模快速增长，大型项目涉及的配套设施规模日趋庞大，对政府的筹资能力也提出更高的要求。面对这些新情况新问题，我国的地方政府需要更加深入的掌握各种融资工具，并且能够灵活运用和发展创新，以适应经济形势的变化。

# 第三章　银行贷款

银行贷款是指银行以一定的利率将资金贷放给资金需要者，并按约定期限付息还本的一种经济行为。银行贷款是我国地方政府实现经济职能，加快地方经济建设，特别是进行公共设施建设的主要融资渠道。

## 1. 国内商业银行贷款

商业银行是以盈利为目的，以多种金融负债筹集资金，以多种金融资产为经营对象，具有信用创造功能的金融机构。经过几百年的发展演变，商业银行现在已经成为世界各国经济活动中最主要的资金集散机构，对经济活动的影响力居于各类金融机构之首。商业银行贷款是指商业银行根据国家政策以一定的利率将资金贷放给资金需要者，并约定期限还本付息的一种经济行为。

(1) 商业银行贷款的种类

按期限分为：短期贷款，指贷款期限在 1 年以内的贷款；中期贷款，指贷款期限在 1 年以上（含 1 年）5 年以下的贷款；长期贷款，指贷款期限在 5 年以上（含 5 年）的贷款。

按信用状况和担保要求分为信用贷款和担保贷款。信用贷款是根据借款人信用发放的贷款，不需要提供担保物品，贷款手续灵活便捷，但是风险对应较高，通常针对具有优质信用的长期客户。担保贷款是根据借款人提供的担保物发放的贷款，根据担保模式不同分为三种：保证贷款，指由第三人保证，在借款人不能偿还贷款时，由保证人代为偿付，并以此为前提发放的贷款；抵押贷款，以借款人或第三人的财产作为抵押物发放的贷款，抵押物通常为土地、建筑物等不动产；质押贷款，以借款人或第三人的动产或权利作为质物发放的贷款。

自营贷款和委托贷款：自营贷款，指贷款人（主要是银行）以合法模式筹集资金，并自主审核发放的贷款，贷款人收取本金和利息，并承担贷款不能偿还的风险；委托贷款，指由政府部门、企事业单位及个人等委托人提供资金，并和借款人约定贷款用途、金额、期限和利率等条件，贷款通过银行代理发放、监督使用并协助收回，利息收益主要归委托人，银行仅收取手续费。贷款的风险由委托人承担。

（2）商业银行贷款的意义

商业银行贷款是公共设施建设最重要的资金来源之一。我国目前是以间接融资为主的金融体系，公共设施建设的其他外部融资渠道不多，银行贷款以其资金来源稳定、手续简便、成本较低的特征，自然成为地方政府进行公共设施建设的最主要融资模式，在各种资金来源中的比重也稳步上升。



鉴于公共设施服务价格体系改革逐步到位，收费制度逐步建立，收益稳定，安全性高，银行也把公共设施作为放贷的重点之一，公共设施贷款已经成为银行的核心优良资产和理想的目标信贷产品。尤其是发达地区的大城市，经济实力雄厚，公共设施市场化程度高，各大银行纷纷与这些区域的融资平台签订合作协议，建立长期稳定的合作关系，支持其基础设施项目的建设。例如，中国银行一贯支持上海的基础设施建设。在“九五”期间，中国银行上海市分行每年向上海市城市建设投资开发总公司提供3亿美元的浦东开发专项贷款，有力地支持了浦东新区的开发。1995年以来，中国银行上海市分行为上海基建投入的资金累计已超过40亿美元。“十五”期间，随着上海市政府对公共设施投资的加大，中国银行继续加大支持上海城市建设的力度。2001年中国银行上海分行与上海城市建设投资开发总公司签订100亿元银企合作协议，根据协议，这100亿元人民币授信额度将用于支持“十五”期间上海市新一轮的重大市政工程建设。除资金支持外，中国银行还发挥自身优势，为该公司提供外汇、人民币的保值增值等业务服务。2000年

10月，中国工商银行北京市分行与北京市首都公路发展有限责任公司签署银企合作协议，从2001年起每年为北京高速公路项目提供100亿元的基本建设贷款，并为首都的高速公路建设提供从短期贷款、银行承兑汇票、外汇信贷、票据贴现到资金监理、财务结算等全方位的金融服务。

目前，商业银行可向公共设施项目的投资者提供的服务主要包括：a. 贷款意向书。大部分基础设施建设项目要求投资者在投标时提交“银行贷款意向书”，以表明具有较为可靠的资金来源，这是非实质性贷款承诺，大多数银行予以积极配合。b. 投标保函。按照招投标惯例，招标方通常要求投标人随同投标文件提供投标保证金或银行投标保函，投标保函担保的金额通常为投标额的1%—5%。c. 履约保函。投资者中标后，项目发标人要求中标者按照招标文件的格式提交一份银行“履约保函”，保证投资者按质按量完成项目建设并按规定进行运营管理。履约保函时间一般与特许经营期一致，担保金额一般为中标总投资的5%—10%。d. 过桥贷款。由于项目长期融资需要和主办银行进行长时间的融资条件谈判，所以在项目建设前期，投资者一般要向主办银行方借贷过桥贷款支持。e. 长期信贷支持。长期贷款金额一般为项目总投资的65%—70%左右，期限一般在10—15年之间，其中包括若干年的贷款宽限期。

(3) 申请商业银行贷款的条件

以中国建设银行为例，借款人为公共设施建设向银行申请长期贷款，主要包括以下八个方面的条件：

a. 借款人具有良好的经营业绩和信誉，能够按期偿还贷款本息，其主要管理人员具有较高的业务水平和较强的管理协调能力。

b. 持有中国人民银行颁发的贷款卡（仅限于中国人民银行统一实施贷款卡制度的地区）。

c. 建设项目符合国家产业政策和信贷政策，具有有权部门批准的项目建议书和论证通过的可行性研究报告。

d. 借款人在建设银行开立基本存款账户或一般存款账户，生产经营资金全部或部分通过建设银行办理结算。

e. 借款人应向项目所在地的建设银行分支机构提出申请借款书面报告。

f. 申请使用建设银行固定资产贷款的额度，原则上不得超过项目建设总投资的75%。

g. 借款人具有不少于正常流动资金周转需要总量30%的营运资金；

h. 建设银行规定的固定资产投资项目（经营性）拥有一定比例的资本金：钢铁、电解铝项目，资本金比例为40%及以上；水泥项目资本金的比例在35%及以上；煤炭、电石、铁合金、烧碱、焦炭、黄磷、玉米深加工、机场、港口、沿海及内河航运、其他房地产开发项目，资本金比例为30%及以上；铁路、公路、城市轨道交通、化肥（钾肥除外）项目，资本金比例为25%及以上；保障性住房和普通商品住房、其他项目，资本金比例为20%及以上。

其中，有权部门对项目的批复文件齐全，自有资本金充裕，具备良好的经营管理能力和优良的历史财务业绩，是能否成功申请贷款的核心环节。



## 2. 政策性银行贷款

政策性银行是指由政府创立、参股或保证的，不以营利为目的，专门为贯彻配合政府经济政策或意图，在特定的业务领域内，专门从事政策性融资活动，充当政府发展经济、促进社会进步、进行宏观经济管理工具的金融机构。

政策性银行的产生和发展是国家干预、协调经济的产物。政策性银行与商业银行，有共性的一面，如要对贷款进行严格审查，贷款要还本付息、周转使用等。但作为政策性金融机构，也有其特征：一是政策性银行的资本金多由政府财政拨付，经营时主要考虑国家的整体利益、社会效益，不以盈利为目标；二是政策性银行有其特定的资金来源，主要依靠发行金融债券或向中央银行举债，一般不面向公众吸收存款，因此政策性银行也必须考虑盈亏，坚持银行管理的基本原则，力争保本微利。

当今世界上许多国家都建有政策性银行，尤其日本和美国的政策性银行种类较全面，政策性银行体系也较为完整。我国的政策性银行有国家开发银行、中国进出口银行、中国农业发展银行。

(1) 国家开发银行

国家开发银行是国务院直接领导的政策性金融机构，于 1994 年 3 月正式成立，注册资本金为 500 亿元人民币。国家开发银行贯彻“既要防范金融风险，又要支持经济建设”的方针，主要任务是：按照国家的法律、法规和国家宏观经济政策、产业政策、区域发展政策，筹集和引导境内外资金，重点向国家基础设施、基础产业和支柱产业项目以及重大技术改造和高新技术产业化项目发放贷款，从资金来源上对固定资产投资总量进行控制和调节，促进国民经济持续、快速、健康发展。国家开发银行总行设在北京，国内设有分行、总行营业部和香港代表办事处等共 27 家分支机构。

截至 2008 年底，国家开发银行资产总额 38212 亿元，负债总额 34727 亿元，贷款余额 28986 亿元。国家开发银行重点支持基础设施建设，贷款的 83.3%投向煤电油运、农林水、通讯和公共基础设施领域，支持了首钢搬迁、国家石油储备、上海世博会、京沪高铁等重大项目建设。在区域分布上，国家开发银行 64.5%的贷款投向中西部地区和东北老工业基地。与此同时，国家开发银行助力产业优化升级，与发改委、科技部合作，发放科技贷款 378 亿元支持装备制造、电子通讯、钢铁等重点领域发展。此外，国家开发银行以流域治理、污水处理和清洁能源为重点，支持太湖和滇池治理等环保重大项目，在支持江西污水、广西垃圾处理等项目中创新环保融资模式，发放环保及节能减排贷款 833 亿元。

“三农”和民生等基层业务是国家开发银行信贷支持的重点。截至 2008 年底，国家开发银行全年发放基层业务贷款 2015 亿元。其中，发放农村基础设施和农业龙头企业贷款 1067 亿元；发放农民工培训基地建设贷款 19.1 亿元；发放中小企业贷款 368 亿元；在 24 个省区发放生源地信用助学贷款 29.6 亿元；发放中低收入家庭住房贷款 475.8 亿元，建设保障性住房 113 万套；发放应急贷款 55 亿元，支持抵御南方冰雪灾害、汶川地震、海南强降雨等自然灾害。同时，国家开发银行还创新了天津蓟县“设施农业”、河北滦平“农户小额信贷”、浙江担保公司“抱团增信”等基层金融业务模式，收到积极成效。

国家开发银行的贷款种类包括基本建设贷款、技术改造贷款、设备储备贷款、外汇固定资产贷款、外汇流动资金贷款。因此，地方政府在申请国家开发银行的贷款时，应该注意项目本身的特征和借款用途。

基本建设贷款投向以下项目：基础设施项目，包括农业、水利、铁道、公路、民航、城市建设、电信等行业的基础设施建设项目；基础产业项目，包括煤炭、石油、电力、钢铁、有色金属、化工、建材、医药、森工等基础产业；支柱产业项目，包括石化、汽车、机械（重大技术装备）、电子等行业中的政策性项目；其他行业项目，包括轻工、纺织、国防军工等行业和环保、高科技产业中的政策性项目。



技术改造贷款的投向是采用国内外先进技术改造传统产业，围绕增加品种、改进质量、提高效益和扩大出口，促进企业技术进步和产业升级的技术改造项目。

设备储备贷款则用于解决国家开发银行业务范围内的，已列入年度贷款计划、已签订借款合同的在建项目，在一定时期内由于工程储备设备及信贷计划安排中发生的时间差等原因形成的短期用款需求；以及与国家开发银行关系比较密切、信誉好、效益好、有市场、有还贷能力，且与国家开发银行贷款项目相关的建设项目，因资金临时周转发生的短期性用款需求。

外汇固定资产贷款投向国家批准使用外汇的基础设施、基础产业、支柱产业和高科技产业中的基本建设、技术改造项目等其他外汇贷款项目。

外汇流动资金贷款主要对关系国计民生的国内企业提供外汇流动资金贷款。外汇贷款币种为美元、英镑和欧元等西方主要货币。

国家开发银行的贷款分为短期贷款（1年以下）、中期贷款（1—5年）、长期贷款（5年以上），贷款期限一般不超过15年。对大型基础设施建设项目，可根据行业和项目的具体情况，适当延长。国家开发银行执行中国人民银行统一颁布的利率规定，对长期使用国家开发银行贷款并始终保持优良信誉的借款人，项目贷款利率可适当下浮，下浮的幅度控制在中国人民银行规定的幅度之内。

国家开发银行外汇贷款的利率由银行筹资成本和转贷[①]费率两部分构成。银行筹资成本因筹资模式不同而不同。目前国家开发银行的外汇筹资渠道有：外国政府贷款及混合贷款、出口信贷贷款、境外发债、国际金融组织贷款、国际商业贷款和外汇储备贷款。其中前两种筹资模式以固定利率形式居多，后三种模式以浮动利率形式居多。浮动利率通常以伦敦银行间同业拆放利率为基础。转贷费率根据借款人资信、项目情况、贷款金额、贷款期限、转贷风险、金融市场变化等因素确定；目前国家开发银行转贷费率分为三个档次：0.3%—0.5%（不包括0.5%），0.5%—0.7%（不包括0.7%），0.7%—1.0%（含1.0%）。国家开发银行外汇贷款的期限可根据银行筹资模式、项目的具体情况与借款人协商确定。

在城市基础设施建设领域，国家开发银行陆续选择了100个左右的城市（或打捆项目）作为贷款投放的重点，备选城市主要包括直辖市、省会城市和计划单列城市，以及部分综合经济实力较强的地级城市。在项目的选择上，国家开发银行积极鼓励地方政府推荐对地区经济发展具有重要影响的、符合贷款条件的基础设施项目；优先选择前期工作扎实、偿债机制健全、还贷能力较强的项目。主要包括：城市交通项目（如地铁、城市主干道和桥梁工程等）；城市供水、供气及集中供热工程；城市环境综合治理项目（如大型的污水处理和垃圾处理示范性工程）。

国家开发银行为公共基础设施项目提供定额贷款。根据项目效益、借款人的偿债能力和地方财政综合能力等条件确定具体贷款额度（一般不超过项目总投资的50%）。贷款期限一般控制在8年以内，最长不超过10年。经国家开发银行定期信用评级后，对高信用的借款人和地区，可适当简化评审或



① 转贷是境内金融企业向境外金融组织借入资金然后贷给境内企业的一种业务。

逐步实行授信贷款模式。

国家开发银行受理的基础设施项目，由省级以上计划部门推荐。贷款模式原则上采取由地方政府指定（或授权）符合国家开发银行贷款条件的、有实力的经济实体作为借款人，对项目实行打捆统借统还。项目贷款担保主要采取质押或抵押等担保模式。

各地在向国家开发银行申请基础设施项目贷款时，应按照国家基本建设管理程序做好项目审批工作，并落实项目的资本金和其他建设资金来源。项目资本金不低于总投资的50%，其他资金来源要符合国家有关规定。

地方政府对国家开发银行贷款的项目，要采取指令性的协调和组织措施，保证国家开发银行信贷资金的安全。

（2）中国进出口银行

中国进出口银行成立于1994年，是直属国务院领导的、政府全资拥有的国有政策性银行，其国际信用评级与国家主权评级一致。中国进出口银行总部设在北京，目前在国内设有10余家营业性分支机构和代表处；在境外设有东南非代表处、巴黎代表处和圣彼得堡代表处；与500多家银行建立了代理行关系。



中国进出口银行是支持我国外经贸体系的重要力量，是我国机电产品、成套设备和高新技术产品进出口，以及对外承包工程和各类境外投资的政策性融资主渠道，同时也是外国政府贷款的主要转贷行和中国政府对外优惠贷款的承贷行，为促进我国开放型经济的发展发挥着重要的作用。

中国进出口银行的主要业务范围包括：办理出口信贷和进口信贷；办理对外承包工程和境外投资贷款；办理中国政府对外优惠贷款；转贷外国政府和金融机构提供的贷款；办理国际银行间的贷款，组织或参加国际、国内银团贷款。

（3）中国农业发展银行

中国农业发展银行于1994年11月挂牌成立，是直属国务院领导的我国唯一的一家农业政策性银行，主要职责是按照国家的法律、法规和方针、政策，以国家信用为基础，筹集资金，并承担国家规定的农业政策性金融业务，代理财政支农资金的拨付，为农业和农村经济发展服务。

截至2007年末，全行总资产达10676.4亿元，各项贷款余额10224.4亿元，现注册资本200亿元，全系统共有30个省级分行、330个二级分行和1811个县级支行，服务网络遍布除西藏自治区外的中国大陆地区。

中国农业发展银行目前的主要业务包括：各类农产品的专项储备贷款和调销贷款；办理农林牧鱼加工企业和产业化龙头企业贷款；办理农业基础设施建设贷款：支持范围限于农村路网、电网、水网（包括饮水工程）、信息网（邮政、电信）建设，农村能源和环境设施建设；办理涉农技术设备改造贷款；办理农业小企业贷款和农业科技贷款；办理农业综合开发贷款：支持范围限于农田水利基本建设、农业技术服务体系和农村流通体系建设；办理农业生产资料贷款：支持范围限于农业生产资料的流通和销售环节；代理财政支农资金的拨付；办理粮棉油政策性贷款企业进出口贸易项下的国际结算业务以及与国际业务相配套的外汇业务。



### 实务1 国家开发银行贷款程序

国家开发银行贷款项目由地方政府部门推荐，由国家开发银行的财务分析局、评审管理局、市场与产业分析局等贷款评审部门评审，最后由国家开发银行贷款委员会通过，行长批准或者否决。主要包括以下几个主要环节：

1. 文件准备。进入国家开发银行正式评审阶段时，借款人必须提交贷款申请书；申请书要求内容真实、数据准确、重点突出、文字原则上不超过3000字，贷款尾数精确到10万元。具体内容包括：

- 申请项目建设的必要性、建设规模、项目批复、工期安排；
- 项目市场供求状况及发展前景、财务效益、偿债能力；
- 借款人企业性质、注册资本金、经济实力、近三年生产经营状况及资信状况；

- 项目总投资及构成、资金筹措模式及落实情况、项目资本金情况；
- 项目预计经济效益、借款人综合效益；
- 还贷资金来源、借款偿还计划；
- 借款担保模式、担保人或抵（质）押物的基本情况；
- 项目存在的主要风险和防范措施。

**贷款申请书的必备附件包括：**

- 项目批复文件；
- 项目可行性报告；
- 借款法人营业执照（副本）复印件；
- 担保人营业执照（副本）复印件，担保意向书；
- 借款法人近三年财务年终报表；
- 担保人近三年财务报表；
- 项目投资使用计划；
- 国家开发银行贷款使用及偿还计划表。



2. 项目受理和初审。借款人在报批项目预可行性报告申请立项的同时，应将预可行性报告和贷款申请书等文件送国家开发银行有关部门；有关部门在接受项目后，完成对项目的筛选分类；项目受理后进行初审，对基本具备贷款条件的大中型基建项目和限上技改项目[①]出具贷款意向承诺函；批准立项后，正式进行项目贷款评审工作。国家开发银行项目受理部门包括：综合计划局受理国家发展和改革委员会推荐项目，评审局受理行业主管部门推荐项目和大型企业集团申请贷款的项目，分行受理省（自治区、直辖市）级政府部门推荐项目和地方重点企业申请贷款项目，信贷管理局受理地方相关项目的借款申请，国际金融局受理外汇贷款项目。

3. 国家开发银行评审报告的批准和贷款的承诺。国家开发银行评审局负责对项目贷款进行评审，提交贷款项目评审报告，由国家开发银行贷款委员

---

① 系指5000万元以上固定资产技术改造项目。

会审议。经审议同意贷款的项目，经行长批准后向借款人办理贷款承诺函，贷款承诺函只作为国家开发银行对项目贷款的承诺，借款法人不得将其作为信用证件用于他途。对于大中型基建项目、技术改造限上项目和贷款申请额500万美元以上的外汇贷款项目，贷款承诺函的有效期限为两年；小型基建项目、技术改造限下项目和贷款申请额500万美元以下的外汇贷款项目，贷款承诺函的有效期为一年，过期尚未使用贷款的，承诺自动失效。

### 3. 国际银行贷款

国际银行贷款是指借款人为支持某一项目，在国际金融市场上向外国银行借入资金。外国银行既包括资金雄厚的大银行，也包括中小银行及非银行的金融机构。

(1) 国际银行贷款的费率

在国际金融市场上筹措资金，按贷款期限长短可分为短期信贷、中期信贷和长期信贷三种：

短期信贷。短期信贷通常指借贷期限在一年以下的资金。短期资金市场又称为货币市场。借贷期限最短为一天，称为日贷。还有七天、一个月、二个月、三个月、六个月、一年等几种。短期贷款多为一至七天及一至三个月，少数为六个月或一年。这种信贷可分为银行与银行间的信贷和银行对非银行客户的信贷，其中银行之间的信贷称为银行同业拆放。

中期信贷。中期信贷是指一年以上、五年以下的贷款，这种贷款由借贷双方签订贷款协议。由于这种贷款期限长、金额大，有时贷款银行要求借款人所属国家的政府提供担保。中期贷款利率比短期贷款利率高，一般要在市场利率的基础上再加一定的附加利率。

长期信贷。长期信贷是指五年以上的贷款，这种贷款通常由数家银行组成银团共同贷给某一客户。银团贷款的当事人，一方面是借款人，如政府、公司、企业等，另一方面是参加银团的各家银行，包括牵头行、经理行、代理行等。

在国际金融市场上，借款人筹措中长期资金，除支付利息外，还要支付各种费用，主要有管理费、代理费、承诺费和杂费几种：

管理费。管理费的性质近似于手续费。管理费按贷款总额的一定百分比计算，费率一般在贷款总额的0.1%—0.5%之间。管理费的支付时间可采用签订贷款协议时一次支付、第一次支用贷款时支付、在每次支用贷款时按支用额比例支付等方法。

代理费。代理费是由借款人向银团代理支付的一种费用。因为代理行[①]在联系业务中会发生各种费用开支，如差旅费、电报费、电传费、办公费等。代理费属于签订贷款协议后发生的费用，通常在整个贷款期内（直至贷款全部偿清以前），每年支付一次。

承诺费。贷方与借方签订贷款协议后，贷方银行就承担起预留全部贷款资金的义务。如借款人未能按期使用贷款，根据国际惯例，借款人就要支付承诺费。承诺费率一般为0.125%—0.25%。承诺费按未支用金额和实际未支用天数计算，每季或每半年支付一次。



杂费。杂费也是中长期银团贷款模式下发生的费用，主要指签订贷款协议前所发生的费用，包括牵头行的车马费、律师费、签订贷款协议后的宴请费等。这些费用均由借款人承担。杂费按牵头行提出的账单一次付清。杂费收费标准不完全相同。

（2） 国际银行贷款的管理办法

我国将国际银行贷款分为短期和中长期两种进行管理：

a. 我国对短期的国际银行贷款采取余额管理的办法，即由国家主管部门向经批准的金融机构下达短期国际银行贷款的年度余额，由金融机构据此调整本单位的债务水平和资金运用。

---

① 代理行（correspondent bank）是指与其他国家建立往来账户，代理对方的一些业务，为对方提供服务的银行。对一家银行来说，代理行实际上不附属于本银行，代理行关系就是不同国家银行之间建立的结算关系。

b. 对于中长期国际银行贷款的宏观管理，采取指标控制的办法，主要包括：

规模控制。国家通过两类计划对中长期国际银行贷款实行规模控制：一类是中长期国际银行贷款计划，它与国家国民经济和社会发展五年计划、十年规划相衔接，确定全国计划期内借用国际银行贷款的总规模和分地区、分部门规模以及主要建设项目；另一类是年度借用国外贷款计划，它主要确定全国年度借用国外贷款的总规模，并下达正式签约生效的大中型项目当年收付的国外贷款数额。

项目的审批管理。各地方发展和改革委员会将本地区、本部门准备使用国外贷款的项目初审后报国家发展和改革委员会审批。送审的文件应包括项目建议书、可行性研究报告和利用外资方案，其内容必须包括借用国际银行贷款的具体形式和数额、国内配套资金落实安排情况、贷款的主要用途、项目经济效益初步测算及外汇平衡情况、贷款的偿还模式和偿还责任等。各地方发展和改革委员会与相关部门及国家发展和改革委员会对借用国际银行贷款的项目执行情况进行跟踪检查，并逐步实行项目后评价制度，从而为后续同类项目提供经验。



对外贷款的"窗口管理"。筹措国际银行贷款需要通过国家指定的或者经批准的国内金融机构进行。未经批准的企业或金融机构不得从境外取得贷款；擅自筹措国外贷款的，国家将不允许对外偿付本息。

外债的统计、监测、监督制度。借用各类国际银行贷款的单位在贷款签约后，必须及时到国家主管部门进行外债登记。每次偿付贷款本息前，借款人应提前向主管部门报送贷款偿还计划，并在主管部门同意后，及时对外偿还应付的本息。

## 实务2 申请国际银行贷款的程序

我国地方政府借用国际银行贷款，需要遵循以下程序：

1. 取得利用贷款项目的批复。国内项目要借用国际银行贷款，首先要根据项目的规模取得国家或者地方计划管理部门的批准，在批复中明确项目建设的部分资金来源为国际银行贷款。

2. 取得国际银行贷款指标。各地方计划管理部门将准备使用国际银行贷款的项目初审后，报国家发展和改革委员会审批，如果符合国际银行贷款的条件，国家发展和改革委员会将同意该项目使用一定数量的国际银行贷款，即取得国际银行贷款指标。

3. 委托金融机构对外筹资。目前，国内筹措国际银行贷款主要通过中国银行、交通银行、中国建设银行、中国工商银行、中国农业银行、中信银行以及经国家批准的省市级国际信托投资公司等银行和非银行金融机构对外筹措。

4. 金融条件核准。国家为避免各筹资窗口在市场、时机和条件等方面发生冲突，在筹资窗口筹措国际银行贷款前，由国家主管部门对其贷款的条件，（包括贷款期、利息、筹资市场、筹资模式等）进行审核和协调。筹资窗口在国家主管部门正式批准贷款条件后，才能与国际银行签订借款协议。



特别应该注意的是，由于国际银行贷款具有较大的风险，必须做好风险的防范工作。风险主要表现在以下几个方面：一是利率风险。国际银行贷款有浮动利率和固定利率两种，其中浮动利率贷款比重较大。一旦国际利率出现大幅上升，债务人的偿债负担就会突然加重，利率风险就会显著放大，如在20世纪80年代的拉丁美洲债务危机中，利率风险的表现就非常突出。二是汇率风险。国际银行贷款的发放和归还一般以外币计值，汇率风险通常由借款人承担，在借款人未采取规避汇率风险措施的情况下，贷款到期时借款人又没有足够的外汇资金，或者由于本币汇率下降导致偿债负担增加，借款人就可能因此蒙受损失，甚至引起债务危机。三是偿债没有弹性。还贷的时间表一般预先固定，约定还款期临近后，无论投资项目是否盈利以及借款人的财政状况如何，借款人都必须按时偿付贷款。此外，由于国际银行贷款通常不允许订立提前还款条款，偿债的时间弹性较低，借款人享有的自由度相应较小。

### 案例 2　谁来做奥运代理银行?

北京奥运会不仅给银行业增加信贷投放创造了需求，而且为银行业调整信贷结构，优化信贷资产质量提供了机遇。

据测算，北京市针对奥运会的公共设施建设将投入1800亿元，重点建设项目142个。基础设施建设分5个层次，第一是场馆，这块总投资不超过120亿元，第二是为奥运会服务的基础设施，包括水、电、道路等，第三是建设多种档次的宾馆、饭店，第四是建医院、学校，第五是相关文化环境设施，如绿化工程等。其中，900亿元用于修建地铁、轻轨、高速公路、机场，450亿元用于环境治理，300亿元用于电子政务、电子商务、信息化社区和远程教育相关的信息化建设，其余150亿元将用于水电气热等生活设施的建设和改造。此外，还将借助29项大型奥运设施建设，促进北京城市面貌和居民生活条件的改善。



奥运建设资金主要来自两个方面：一是政府财政支出，二是企业和个人投资。统计数字显示，2000年，北京市地方财政收入约342亿元，支出约407亿元，赤字达65亿元。2001年，北京市公布的地方财政收入是454亿元，仍然有赤字。“十五”期间不考虑举办奥运会的情况下，北京市正常发展的基础建设投资是2899亿元。考虑筹备奥运会，北京市需要每年追加300亿元的资金投入，这将对北京市的财政造成巨大压力。尽管北京市政府承诺将为奥运会提供财政支持，但是过分依赖政府财政是不现实的。所以，奥运组委会只能利用商业化运作来筹集资金，各家银行也都在使出浑身解数抢占1800亿元的大市场。

2002年3月20日，中国建设银行北京市分行向北京土地整理储备中心意向提供50亿元贷款授信额度，用以支持奥林匹克公园奥运场馆北区2.91平方公里土地一级开发和其他土地储备项目，这是北京市土地整理储备中心成立以来承担的第一个大型土地开发项目。

2006年3月3日，中国建设银行北京市分行与北京市热力集团有限责任公司签署了银企合作协议。根据协议，建设银行北京市分行将提供不低于6亿元人民币的固定资产贷款，支持“奥运公园及周围地区的热力主干线”项目建设。

与此同时，交通银行、中国工商银行、国家开发银行等金融机构也加紧了对奥运项目的投入。国家开发银行曾经为被称为“申奥大道”的北京四环路贷款40亿元，目前四环路每年产生的经济效益达1000亿元以上，国家开发银行也因此获得了稳定的还款和收益。在四环路项目获得成功之后，国家开发银行对奥运更是展开了大手笔，它们与北京市政府签订了500亿元的奥运基础设施贷款授信协议，主要支持了奥林匹克公园B区国家体育场、国家体育馆及奥运村、奥运森林公园、北京五棵松文化体育中心等奥运场馆项目，以及首都国际机场扩建工程、城市道路改造等奥运配套项目。



另外，北京市政府在交通、通信、旅游等方面的建设，相当大部分也要通过银行贷款来筹措资金。2008年北京市市区公共汽车线路将达到700余条，营业线路里程超过1.6万公里，公交客车的数量将增加到1.8万辆，全部为环保型车辆，其数量达到全国1年大中型客车销量的二分之一强。2005年11月底，北京银行与北京市交通委员会签署全面合作协议，并在此框架下，与北京公交集团签署40亿元贷款及授信协议，用于更新公交集团7277辆中低标准排放的柴油车、老旧车辆、黄标车辆。其中为公交集团及八方达公司提供总额为30亿元、期限10年的长期车辆更新专项贷款，同时，为了解决集团在更新车辆的过程中因配套设施增加而造成的流动资金不足问题，以及在集团未来的发展中因不可预见因素、突发性事件而出现的公共交通不能正常运转的紧急状况，分别提供可循环、总额为5亿元的流动资金贷款与5亿元的应急贷款。

此外，北京出租汽车市场拥有的车型不完全符合有关欧洲尾气排放标准，更新投入也需要几十亿的贷款。在通信业，北京根据国家建设“数字北京”的规划，建设信息化社区、电子商务、电子政府和远程教育，其中，信息化建设投资超过300亿元，每年60亿元以上。在奥运会准备期间，北京每年旅游者增加20%，旅游收入增加20亿美元，奥运会期间再增加50亿美元。这样，奥运会增加的旅游需求约为1577亿元，年均增加225亿元以上，相应产生了旅游开发贷款的需求。

据统计，各家银行为2008年奥运会提供贷款支持总计高达1000亿元左右，而银行负责人都表示，奥运难得的商机和潜在的巨大市场是他们贷款的主要原因。

# 第四章　银团贷款

银团贷款是指两家或两家以上经营贷款业务的银行或非银行金融机构(以下简称银行)，基于相同贷款条件，依据同一贷款协议，按约定时间和比例，通过代理行向借款人提供本外币贷款或授信业务。

从1987年中国银行作为牵头行在国内办理第一笔银团贷款发展至今，银团贷款已成为地方政府进行城市大型基础设施建设项目的常用融资模式。

## 1. 银团贷款的结构



银团贷款是由多家银行所组成，各家银行在银团中的职能与分工有明显不同，银团成员通常分为牵头行、代理行和参加行等角色，并按照银团贷款相关协议履行相应职责。

(1) 牵头行（Leading Bank）或经理行（Manager Bank）

银团贷款中的牵头行或经理行是接受借款人委托，邀请召集银行共同组建银团的银行。

牵头行的主要职责包括：

● 发起和筹组银团，并分销银团贷款份额；

● 对借款人进行贷前尽职调查，草拟银团贷款信息备忘录，并向潜在的参加行推荐；

● 代表银团与借款人谈判确定银团贷款条件；

● 代表银团聘请相关中介机构起草银团贷款法律文本；

● 组织银团贷款成员与借款人签订书面银团贷款协议；

● 协助代理行进行银团贷款管理。

牵头行是整个银团贷款的发起者和筹建者，牵头行的经验与实力对银团的成功筹组起着十分关键的作用。

(2) 代理行（Agent Bank）

代理行是在银团贷款合同签订后，为方便贷款管理而由贷款银行任命的代理人。代理行代表银团的所有参与银行从事贷后管理和协调工作，是在贷款管理过程中，借款人与贷款银行之间以及贷款行之间相互联系沟通的纽带和桥梁，是借贷双方资金和信息的传递渠道。

代理行的主要职责包括：

● 审查、督促借款人落实贷款条件，并提供贷款或办理授信业务；

● 办理银团贷款的担保抵押手续，并负责抵（质）押物的日常管理工作；

● 制作账户管理方案，开立专门账户管理银团贷款资金；

● 根据约定用款日期或借款人的用款申请，按照银团贷款协议约定的承贷份额比例，通知银团贷款成员将款项划到指定账户；

● 代收银团贷款本息和相关费用，并按承贷比例和银团贷款协议约定及时划转到银团贷款成员指定的账户；

● 负责银团贷款贷后管理和贷款使用情况的监督检查，并定期向银团贷款成员通报；

● 密切关注借款人财务状况，特别是贷款期间发生企业并购、股权分红、对外投资、资产转让、债务重组等影响借款人还款能力的重大事项时，代理行应在获借款人通知之日起三个营业日内按银团贷款协议约定以专项报告形式通知各银团贷款成员；

● 借款人出现违约事项时，代理行应及时组织银团贷款成员对违约贷款进行清收、保全、追偿或其他处置；

● 组织召开银团会议，协调银团贷款成员之间的关系；

● 接受各银团贷款成员不定期的咨询与核查，办理银团会议委托的其他事项等。

(3) 参加行 (Participants)

参加行是银团中参与提供贷款资金的银行，是贷款资金的实际提供者。在银团中，参加行不负责筹组工作和贷款的日常管理，只根据贷款协议的规定履行各自份额内的贷款出资义务，并相应拥有收取本金和利息的权利。国际银团贷款中的参加行通常来自多个国家和地区。

作为一种创新工具，银团贷款与传统的双边贷款相比，具有以下几个显著优势：

筹款金额巨大，贷款期限长。由于银团贷款由多家国内银行或金融机构组成，所以能够提供巨额的信贷资金，不像独家银行那样受到贷款规模的限制。因而能够对大型建设项目提供足够的信贷保证。

利益共享、风险共担。银团成员按照贷款协议约定的份额比例进行信贷投放，分享贷款利息，以及其他保证、抵押/质押物或担保，权利，共同承担贷款本息无法获得清偿的风险。



统一管理。银团由牵头行负责组建，并与项目方谈判。银团贷款组建完成后，由贷款代理行负责贷款的日常管理和审查，可以大幅度简化贷款的审批和管理程序，缩短贷款的实施周期，节约贷款过程中的各项费用。

份额表决。贷款银行根据各自承诺贷款额的份额占银团贷款总额的比例，对银团重大事宜进行表决。贷款银行必须服从银团表决结果，放弃绝对的独立判断及行为能力。对个别约定的特殊事宜，允许任何单个银行行使否决权。这种决策机制有利于统一各方意见，也能够保障每家银行的切身利益。

## 2. 银团贷款的类别

按照筹组程序以及参加行的权利义务不同，银团贷款分为直接型银团贷款和间接型银团贷款。

(1) 直接型银团贷款

直接型银团贷款是指牵头行受到借款人的委托后，再向其他参加银行推销贷款份额，最后所有银团成员都通过代理行与借款人签署贷款协议。直接型银团贷款中，各家银行按照协议中承诺的份额向借款人支付贷款，收取贷款本金、利息和费用，每家银行承担的贷款义务相互独立，对其他银行的贷款义务不承担任何连带责任。

贷款协议条款必须经由所有银行同意，特别是对重大问题，如贷款额度增减、宽限期长短或破产清算等，规模较小的银行也有一票否决权。安排行只是在与借款人谈判、设计、推销贷款中发挥作用，一旦贷款协议签订，安排行就与其他银行处于平等地位。

借款人的付款责任也必须在向每家贷款银行偿还了贷款本息之后才能免除，若只向银团中的某一家或几家银行偿还贷款本息不能解除其在贷款协议下的全部还款责任。

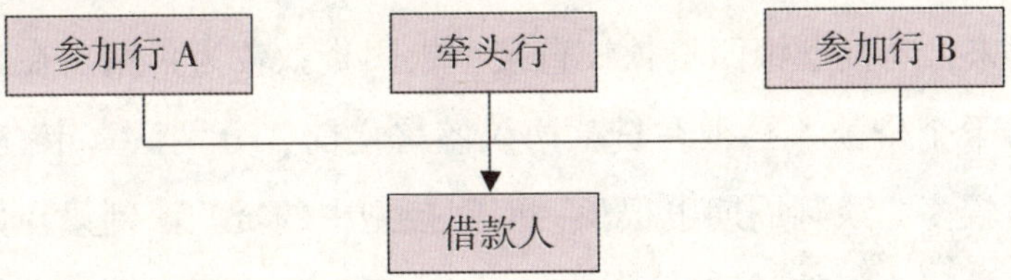


**图 1　直接型银团贷款**



（2）间接型银团贷款

间接型银团贷款是指牵头银行在接到借款人的委托后，先采取包销形式与借款人签订贷款协议，然后再将贷款协议下的债权以银团贷款参与权的形式转让或出售给其他愿意提供贷款的银行。

在间接银团贷款中，后来的参加行没有修改、补充贷款协议的权利，而只能被动的接受牵头行与借款人签订的贷款协议条款。参加行与借款人之间不存在直接的债权债务关系，对借款人不具有直接索偿权，如果借款人违约，参加行也不能直接对借款人索偿。

间接型银团贷款操作相对简便，工作量少于直接型银团贷款，牵头行与借款人小范围对话，有助于达成共识，节省费用，法律程序也较为简单。但是，牵头行要承担较高的承销风险，需要对市场容纳能力有准确的估计，否则就会承担过多的贷款份额，加大自身风险。

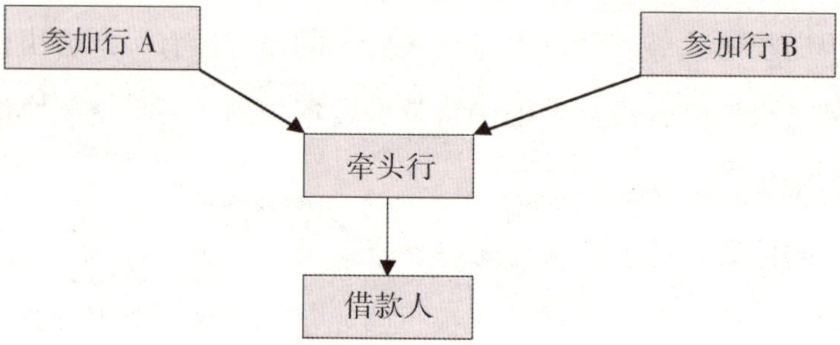


**图 2　间接型银团贷款**



一般说来，间接型银团贷款较直接型银团贷款较为常用。在直接型银团贷款中，若干个贷款人必须在贷款协议签署之前，分别认真审查贷款协议，不确定因素较多，谈判周期也很长；而间接型中的贷款谈判只在借款人与牵头银行之间进行，不需要使每个贷款人都满意。采用间接型银团贷款可以极大的缩短筹资时间，减少筹资费用。

### 3. 银团贷款的利率、期限和偿还模式

人民币银团贷款的利率按照中国人民银行规定的基准利率及浮动范围执行，外币银团贷款的利率通常在同期伦敦银行间同业拆放利率（LIBOR）的基础上，上浮一定的利差（margin）。

除了利率之外，银团贷款还有一些公认费用，包括牵头安排费、管理费、承诺费、代理行费，以及律师费用等。

银团贷款的利差和费用，主要受以下方面因素的影响：

- 贷款市场整体资金供应和利率水平；

- 该项目所处行业的风险状况；
- 项目本身的贷款结构、担保结构以及风险状况；
- 银企双方之间的谈判策略。

如果项目公司非常熟悉银团贷款业务，或者项目公司聘请了专业的融资顾问协助进行贷款结构设计，其贷款的综合成本（ALL—IN COST）会有所节约。

银团贷款的期限通常包括宽限期和偿还期。宽限期主要是针对建设期较长的项目。在项目建设期内，由于项目不存在经常性收入，因此借款人希望只支付贷款利息，而不归还贷款本金。进入偿还期后，借款人开始还本付息。偿还期的长短主要根据项目的预计经济效益和偿还能力确定。

由于银团贷款的贷款规模较大，一般采取分次偿还方式，每半年还本付息一次。较为常用的偿还模式包括等额本金和等额本息两种。等额本金是在还款期内把贷款数总额等分，每月偿还同等数额的本金和剩余贷款在该月所产生的利息。由于每月的还款本金额固定，而利息越来越少，贷款人起初还款压力较大，但是随时间的推移每月还款数也越来越少。等额本息是在还款期内每月偿还同等数额的贷款（包括本金和利息），由于还款初期利息较高，因此本金的偿还比例很低，这也导致下一期所需支付的利息仍然较高，但是该模式每期换贷总金额固定，便于财务管理和财务计划。



由于银团贷款通常贷款总额巨大，而且周期较长，因此利息支付在整体偿还金额中占据了很大的比例。项目业主应该谨慎预测未来收益和现金流状况，尽可能在控制财务风险的前提下，平衡各期的偿还能力和营运资金安排，适应项目的实际现金流情况安排不规则还款计划，这样能大幅提高项目的总体财务收益率。

### 4. 组建国内银团的条件

根据《贷款通则》和相关信贷业务操作规程，地方政府组建国内银团，具体的贷款项目除应当具备产品有市场，生产经营有效益，恪守信用等基本条件外，还应当符合以下要求：

● 项目有按期还本付息的能力，已到期的应付贷款利息和贷款本金已经清偿；没有清偿的，已经做了银行认可的偿还计划。

● 已经在国内的中资银行开立基本账户或一般结算账户，且存款结算业务比例符合银行的要求。

● 借款人的资产负债比率应当符合国内的中资银行的要求。

● 申请中长期贷款的，新建项目的企业法人所有者权益与项目所需投资额的比例不低于国家规定的投资项目资本金比例。

● 借款人应当拥有固定的营业场所和一定的自有流动资金，并能每年按规定比例补充自有流动资金。



## 实务3 银团贷款的操作程序

每笔银团贷款的筹组过程都可以分为预备阶段、委托阶段和履行阶段。每个阶段的工作内容与涉及的法律文件都有所不同。

（一）预备阶段

预备阶段是借贷双方对筹组银团贷款进行前期准备的阶段，时间短则1—2个月，长则一年甚至更长。

牵头行在这段期间对借款人的资金需求、实力情况、对贷款的投标方式以及银行同业竞投的方式方法等问题加以调研，最终向借款人递交投标建议书。借款人则需要针对资金的需求审慎考虑贷款的金额、期限、还款期、宽限期等问题，对各家牵头行或安排行提交的投标建议书进行认真比较，最后选择关系密切的银行或者名誉卓著、经验丰富的银行作为银团贷款的牵头行。

借款人选定投标建议书之后，向选定的牵头银行递交委任书，预备阶段结束。

委托书是银团贷款组建前期比较重要的文件，委托书的内容在于列示贷款条件清单、授权牵头行安排贷款银团、表明委任的排他性等。贷款条件清单中记载了贷款总额、期限、偿还步骤安排、利差、费用以及其他特别条款等等一系列基本的条款。通常贷款条件部分为无法律约束力的承诺，具体的贷款条件要取决于最终的贷款合同。

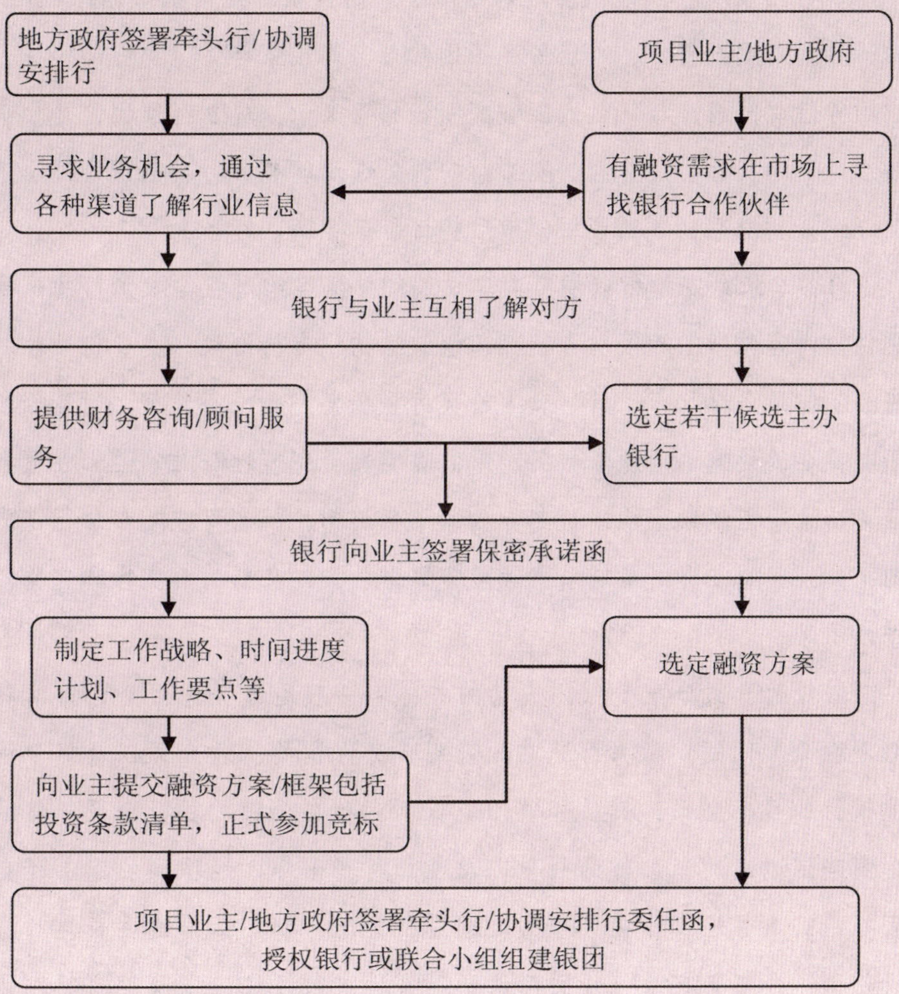


**图 3　预备阶段流程图**

（二）委托阶段

委托阶段是指从借款人发出委托书之日起，到贷款协议正式签署为止的期间。这个阶段所需时间的长短要受到诸多因素的影响，如借款人委托书的限制性、银团结构的复杂程度、贷款条件、时机选择等等。通常两三个月，并购类的银团贷款可能只有几天。

接到委托书以后，牵头行进入银团贷款的实质筹组阶段。前半段时间，安排行针对借款人要求、市场情况等因素拟定筹组策略，组织内部人员，编制银团筹组时间表，与借款人配合编制资料备忘录，成立经理团，并初步筛选参加行名单；后半段时间，安排行向预先选定的参加行发出正式银团邀请函，分配贷款份额和各项费用，最后签订贷款合同。

资料备忘录是安排行以借款人名义编制并提供给潜在的参加行的重要要约文件，内容包括借款人财务状况、组织结构、市场份额、发展前景等。因为资料备忘录是参加行了解借款人情况的重要甚至是唯一途径，对是否参加银团有重要的影响。因此资料备忘录的真实性、完整性与准确性十分重要，。一旦备忘录中出现欺骗性或疏忽导致的不实资料，就有可能对参加行造成重大的损失，因此在资料备忘录中一般需要借款方对资料的真实性和完整性作出保证承诺。

银团贷款份额分配是银团成功的关键，一般通过经理团会议协商制定贷款份额分配问题。牵头行通常先表明自身保留的贷款金额以及将分销给其他银行的目标金额，然后经理团成员制定各自分销的目标金额，最后共同协商确定邀请的参加行的数量以及参加行费率等。经理团会议上还会对银团筹组的事务性工作在经理团之间进行分配，制定工作进度表，对贷款协议初稿、资料备忘录、银团邀请函等文件进行评议，以及确定超额认购的处理方法等。

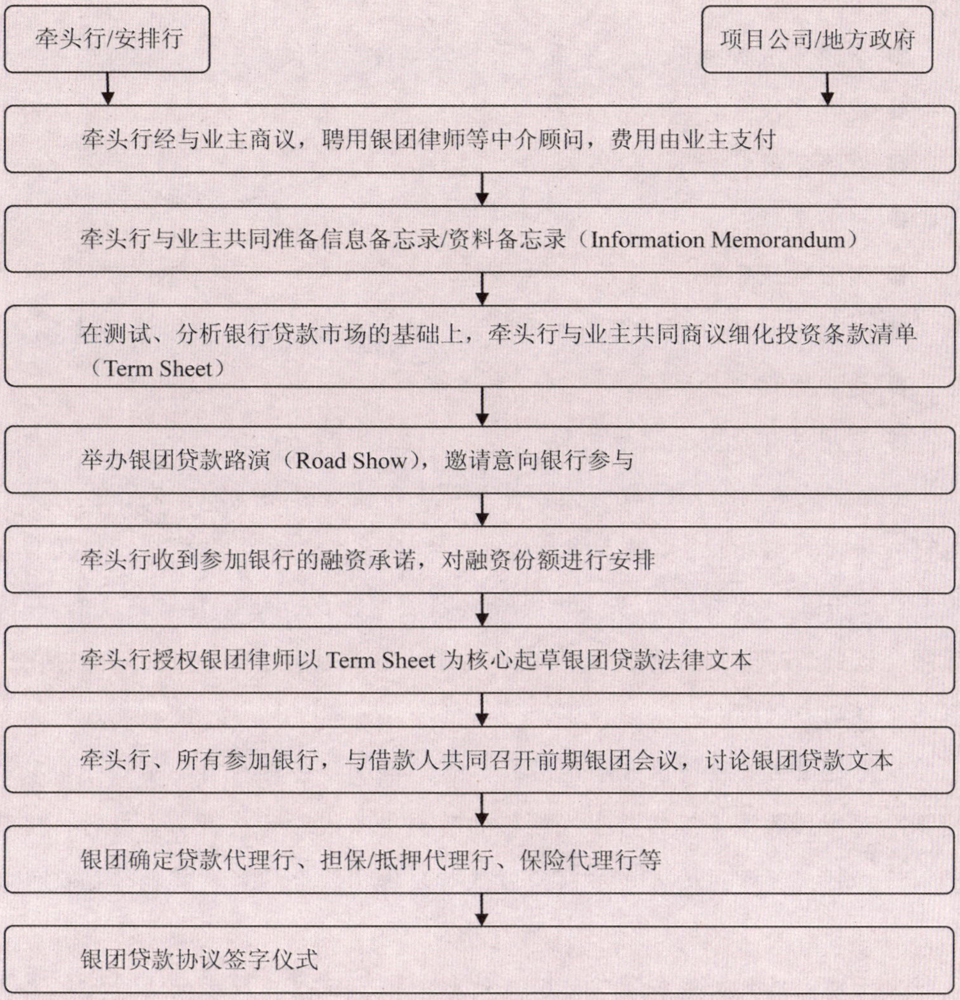


**图 4　银团组建流程图**

银团贷款协议是约定银团贷款成员与借款人、担保人之间的权利义务关系的法律文本。主要包括以下基本信息：

● 当事人基本情况；

● 与贷款有关的约定，包括贷款金额与币种、贷款期限、贷款利率、贷款用途、还款方式及还款资金来源、贷款担保组合、贷款展期条件、提前还款约定等；

- 银团各成员承诺的贷款额度及贷款划拨的时间；
- 提款先决条件；
- 费用条款；
- 税务条款；
- 财务约束条款；
- 非财务承诺，包括资产处置限制、业务变更和信息披露等条款；
- 违约事件及处理；
- 适用法律及其他附属文件。

银团贷款成员之间的权利义务关系可在银团贷款协议中约定，也可另行签订《银团内部协议》。银团贷款成员间权利义务关系主要包括：银团贷款成员内部分工，权利与义务，银团贷款额度的分配，银团贷款额度的转让；银团会议的议事规则；银团贷款成员的退出和银团解散；违约行为及责任；解决争议的方式等。



签约是银团贷款得以成功筹组的标志，牵头行在签约前要对相关事项做出详尽而周到的准备工作。正式的签约需要借款人、牵头行、安排行、经理行、参加行、代理行的代表共同出席，对数份贷款合约以及其他辅助文件履行签约程序。

签约仪式后，牵头行往往及时总结整个银团筹组过程中的成功经验与失败的教训，同时向借款人收取整个过程中产生的一系列杂费，包括传真费、电传费、电话费、邮费、快递费、交通费、印刷费、律师费、文本费等等，也可以按照双方事先商定的一揽子费率执行。代理行也要根据贷款协议向借款人收取代理行费、承担费等。

（三）履行阶段

贷款协议签署以后，银团贷款便进入提款期。银团贷款协议中规定了一系列提款的先决条件，即借款人曾经给予贷款人的承诺，如提交借款人组织和注册文件、签字样本、财务报告、保险等项内容。

最后，代理行履行管理职能，对项目或工程的进度和借款人的资金使用进行跟踪管理，以保证贷款的安全，贷款到期后，代为收取借款人还款。

还款是整个银团贷款的中心环节。在还款问题上，如果借款人资金流充裕，可能提前还款，代理行要向借款人收取一定罚金，才接受还款。如果借款人财务状况恶化、无力归还贷款，代理行就会及时采取行动，终止贷款，立即停止对贷款余额的继续发放或宣布对已发放的贷款部分立即到期，加速偿还。对有担保或抵押的贷款，代理行向担保人追索或没收抵押资产，尽力争取贷款本金和利息的最小损失。

某些情况下，借款人预见到无法履行贷款协议的某些条款时，需要重新对贷款协议的内容和条款进行修改，这就是债务重组。债务重组的目的在于通过借贷双方的让步与协商，对协议重要条款进行修改，从而使本金、利息能够得以最终偿还。债务重组是相对于破产清算的一种破产形式，是贷款面临违约风险时的一种权宜之策。重组的内容包括修改宽限期、还款年限、还款结构、利差、贷款额度等贷款条件。债务重组相当于重新议定贷款的条件，程序同样繁琐，更需要所有参加行的支持，否则重组就难以取得成功。



### 5. 国际银团贷款

国际银团贷款，是由一家或几家银行牵头，多家国际商业银行参加，共同向一国政府、某一企业或某一项目提供资金数额较大、期限较长的一种国际贷款。国际银团贷款约占国际资本市场借款总额的一半以上，占发展中国家长期借款的85%以上，因此具有极为广阔的融资潜力。

国际银团贷款，其成本和风险都相对较高，在利用时，除遵循银团贷款的一般运作程序之外，还应注意在办理国际银团贷款时的国内审批登记制度和相关纳税安排。

（1）国际银团贷款的审批登记

在国际商业贷款交易活动中，贷款人在交易一开始就必须履行提供贷款的义务，而借款人履行偿还贷款本息的义务通常要延伸到此后较长的一段时期。为此，贷款人为了保护自己的利益，需要在贷款协议中订立一些使协议生效的先决条件。借款人所在国政府对借款人筹资行为的批准文件是国际贷款协议生效的重要先决条件之一。

目前，我国利用国外贷款的管理工作按照分工负责、归口管理的模式进行。中国人民银行是国际商业贷款的审批机关，中国人民银行授权国家外汇管理局及其分局具体负责审批、监督和管理。我国境内机构借用国际商业贷款所适用的主要法律文件是经中国人民银行批准，国家外汇管理局于 1991 年公布的《境内机构借用国际商业贷款管理办法》。因为所借贷的国际银团贷款通常都是一年期以上（不含一年）的中长期贷款，所以在该办法中规定：境内机构借用中长期国际商业贷款必须列入我国利用外资计划，并符合我国利用外资的政策。同时，借款人必须向国家外汇管理局申请，未经批准的，其对外签订的贷款协议将不能生效，外汇管理部门不予办理外债登记，银行不得为其开立外汇账户，借款本息不准汇出。



可见，在利用国际银行贷款时，地方政府首先应向国家外汇管理局提出申请。申请一般应准备：

- 对外借款纳入国家利用外资计划的证明文件；
- 借款项目立项批准文件，包括借款用途、配套人民币资金落实情况；
- 贷款条件意向书；
- 还款资金来源及还款计划、外汇担保情况；
- 外汇管理部门认为需要提供的其他有关材料。

贷款申请经批准后，在执行过程中还应向外汇管理局登记备案。国家外汇管理局 1987 年颁布的《外债统计监测暂行规定》和 1989 年颁布的《外债登记实施细则》中对国际商业贷款的登记作了明确的规定。我国的外债登记分为定期登记和逐笔登记两种。

逐笔登记的手续为：借款单位在借款合同签署后的 15 天内，持借款合同副本和对外借款批件办理登记手续，领取逐笔登记的《外债登记证》，然后凭证到指定的银行开立外债专户。债务到期还本付息时，借款单位应持《外债登记证》和还本付息通知单，提前到登记部门领取还本付息核准件，凭核准件和《外债登记证》到开户行办理从外债专户汇出本息的手续。《外债登记实施细则》规定：未取得外债登记证的借款单位，其借款不得开立外债专用现汇账户，或还本付息外债专用现汇账户，也不得存入该企业原有账户，借款本息不准汇出境外。因此，如不做好贷款的登记工作，贷款的实施势必难以顺利进行。

(2) 国际银团贷款的纳税事宜

由于国际银团贷款可能涉及多国的贷款银行，因此税收安排事项非常复杂，也事关借贷各方的切身利益。

利息是借贷行为的主要收益。国际借贷税捐主要有利息预扣税、对贷款人设在借款人国家的办事机构所征收的税捐和各种资本税三类。在国际借贷交易中，有关国家的税务部门要向贷款人或借款人征税。通常，贷款人都不愿意向借款人国家的税务当局纳税，他们总是设法把向借款人国家应纳的税捐负担转嫁到借款人身上。因此在利用商业性质的国际银团贷款时，项目经营单位应对银团贷款的各项税赋做充分全面的考虑，最应充分考虑的是利息预扣税的承担责任。

银团贷款的利息预扣税是指借款人在向贷款人支付利息时，依据本国(即借款人所在国) 税法的规定，对应付的利息金额，按照税法规定的税率扣除的所得税。

按照我国的现行税务征管制度，外国贷款人贷款给中国境内的借款人，有取得利息所得的，应缴纳所得税和印花税。在《中华人民共和国外商投资企业和外国企业所得税法》中规定：外国贷款人在中国境内未设立机构、场所，而有取得的来源于中国境内的利息所得，或者虽设立机构、场所，但上述利息所得与其机构、场所没有实际联系的，应当缴纳 20%的所得税。缴纳所得税时，以实际受益人为纳税义务人，以支付人为扣缴义务人，税款由支付人在每次支付的利息款额中扣缴。借款人所在国一般对某些涉及公共利益的大型工程借款都免征预扣税，但大多数项目仍不能获得这项优惠。

正因为相关税项是在利息支付的过程中，由借款人代为扣缴，因此征收方法具有预提（预扣）性质，贷款人所得的利息是扣除税款后的净额。但是银团贷款是应借款人的请求由银团的成员代替借款人筹资，其所得仅为贷出和借入之间的利差，所以银团贷款的贷款人都要求收取利息的全额。而给借款人在利息费用上再增加利息预扣税的负担也不尽合理。所以，银团贷款的利息预扣税由谁负担，应在贷款协议中列明。

目前，银团贷款协议中对预扣税的处理有两种模式：一是在贷款协议中规定，贷款人按协议规定的利息率收取利息，相关税项由借款人代为支付并缴纳，但贷款人保证将所获得的税收减免退给借款人；二是在两国之间订有“避免双重课税条约”的情况下，由借款人缴纳利息预扣税，并在扣税后的利息净额汇给贷款人的同时，附上“缴税证明”，使贷款人凭该证明向其国内税务局抵消其部分所得税。



为了有利于尽可能多地利用外国资金进行经济建设，对外国公司、企业和其他经济组织从我国取得的利息所得，我国有关部门制定了一些减征、免征所得税的优惠政策。对国际银团贷款利息所得税的减免需经我国税务部门的严格审核。有审批权的税务部门，在决定是否批准给予一笔贷款免征所得税待遇时，主要考虑贷款利率是否优惠。另外，还要对伴随该项贷款发生的手续费、管理费、安排费、承诺费等与该笔贷款有关的其他费用作全面考虑。经综合考虑后，认为该笔贷款的费用较低时，才能批准给予减免税待遇。项目的经营单位应充分运用国家的有关政策，尽可能争取银团贷款利息所得税的减免，以利于建设资金的筹集。

银行及其他金融组织和借款人签订贷款协议，应根据《中华人民共和国印花税暂行条例》按借款金额万分之零点五，在贷款协议签订时分别缴纳印花税。对于在国外签订的贷款协议，于带回国内时缴纳。贷款协议所载金额为外国货币时，纳税人应按照贷款协议书立当日的中国国家外汇管理局公布的外汇牌价折合人民币，计算应纳税额。

### 案例 3 银团贷款在南水北调工程中的应用

南水北调东、中线工程是我国重要的大型基础设施建设项目，根据政府调控、准市场化运作的原则，按照现代企业制度，组建了 4 个项目法人（南水北调东线江苏水源有限责任公司，南水北调东线山东干线有限责任公司，南水北调中线干线工程建设管理局，南水北调中线水源有限责任公司），分别负责工程建设、运营、管理、债务偿还和资产保值增值。

根据国务院批准的《南水北调工程总体规划》，东、中线一期主体工程静态投资 1240 亿元，分别通过中央预算拨款（或国债）、南水北调工程基金、银行贷款 3 个渠道筹集，其中银行贷款占投资的 45%。

由于资金需求规模巨大，资金保障要求高，分散贷款在资金保障程度、担保手续和利率优惠上，难以满足工程建设需要。经国务院南水北调工程建设委员会办公室协调，由国家开发银行牵头，工商银行、农业银行、中国银行、建设银行、中信银行、上海浦东发展银行等银行参与，7 家银行组成银团，采用国际通行做法，向南水北调东、中线一期主体工程提供贷款。经多轮谈判，由银团方向南水北调东、中线工程 4 个项目法人提供 488 亿元银行贷款。该项银团贷款对南水北调东、中线一期主体工程的建设提供了有力的支持，主要体现在以下五个方面：

1. 足额的资金保障

按照银团贷款合同规定，贷款总额 488 亿元，其中国家开发银行提供 213 亿元，建设银行提供 85 亿元，中国银行、农业银行和工商银行各提供 60 亿元，中信银行和上海浦东发展银行各提供 5 亿元。任何一家参加行不能提供合同规定的贷款额度时，由牵头行国家开发银行承担其贷款份额，保证资金供应。

2. 优惠的贷款利率

（1）贷款利率下浮。由于南水北调工程具有巨大的社会公益性，同时工程建成后的运营收入稳定，还款来源保障充分。因此，在国家政策允许范围内，银团方同意给项目法人优惠贷款利率，即提款期内每一笔贷款利率为中国人民银行公布的金融机构同期同档次贷款年基准利率下浮8%（政策允许下浮限度为10%）。

（2）利率市场化。由于贷款周期长达25年，如遇到国家实施利率市场化时，将由贷款人与借款人按当时法律、法规的规定另行商定贷款利率，贷款人同意参照相同信用等级客户的利率标准给予借款人适当优惠，具体事项由贷款人与借款人届时协商确定。

3. 灵活的短期贷款

在长期贷款基础上，因工程建设临时周转需要，为降低贷款成本，银团方同意根据实际情况为借款人安排短期贷款，贷款期限最长不超过6个月，但每一贷款年度内任一时点的短期贷款余额不得超过该年度提款计划总额的10%。



4. 贷款宽限期和还款期充裕

根据合同规定，南水北调东线一期主体工程贷款宽限期为6年，中线一期主体工程贷款宽限期为9年，在宽限期内只还贷款利息，宽限期满后开始偿还本金和利息。贷款还款期限为25年，自第一笔贷款发放之日起开始计算，25年内还清。贷款合同项下的贷款还可以展期一次。

5. 提款计划和还款计划合理调整

考虑到南水北调工程建设中有许多不可预见因素，借贷双方经充分协商，在合同中就提款计划和还款计划的调整作了合理规定：在提款期内，经银团方同意，借款人可以对当年度的提款计划进行调整，宽限期满前，借款人有权调整一次宽限期和还款计划，宽限期满后，在本合同约定的贷款期限不变的前提下，经借贷双方协商一致，可以对年度计划进行调整。

为有效降低本次银团贷款中的贷款人风险。工程的水费收费权质押成为银团贷款的担保方式。水费收费权是指南水北调东、中线工程4个项目法人依法或依据有关规定享有的对工程项目下的供水进行收费的权利，主要包括：依法或依据有关规定享有的对本项目下的供水向有关当事人收取水费的权利；实际已经收取的水费收入；对应收未收水费收入所享有的收益权和追索权等权利；在已签订的供水合同中所享有的其它权益；上述几项水费收入与权益产生的违约金、赔偿金及其他相关收益。

水费收费权质押是指项目法人将享有的水费收费权作为出质标的质押给银团方，质权人对此水费收费权享有优先受偿权。项目法人按照合同约定在银团方代理行开立水费收费权质押账户，该账号用于收取和归集全部水费收入及其衍生收入，并接受银团方的监管，该账户内的水费收入作为质押标的和借款人偿还贷款的担保。水费收费权质押账户内的款项可以用于借款人建设、运营和维护本项目的日常经营支出，也可以转往银团贷款还款专门账户用于还款，除此之外借款人不得从该账户内支出其他款项。

如果项目法人出现严重违约或不能按约定清偿债务的情况时，银团方有权按照法律、法规及合同规定，通过处分水费收费权等方式实现质权，并以所得价款优先清偿债务。

# 第五章 国际援助

国际援助是指一些具有公益性质的国际金融组织，针对经济比较落后或者缺乏资金的地区所提供的经济援助。援助多数是针对落后地区的基本民生工程建设，主要通过低息贷款和无偿赠与的方式，其中低息贷款的使用期限通常较长，执行的利率标准也很优惠。目前和我国有良好合作关系的金融组织主要包括世界银行、国际开发协会、国际金融公司、亚洲开发银行等。此外一些外国政府也会提供类似的经济援助，但是通常会附带一些其他条件。

## 1. 世界银行贷款



（1）世界银行简介

世界银行是目前世界上最具影响力的国际金融组织之一。它成立于 1945 年 12 月，当时正式名称是国际复兴开发银行，简称世界银行。以后随着国际形势的发展，又相继于 1956 年和 1960 年成立了国际金融公司和国际开发协会等机构，从而形成了现在的"世界银行集团"。因此，目前的世界银行集团实际是由国际复兴开发银行（LBRD）、国际开发协会（IDA）、国际金融公司（IFC）、多边投资担保机构（MIGA）和国际投资争端解决中心（ICSID）构成的。

国际复兴开发银行是世界银行主要的贷款机构，信贷额度占世界银行年贷款额的 3/4 左右，主要向中等收入国家和借贷信用好的低收入国家提供贷款和发展援助，也称为世界银行硬贷款。资金主要用于支持教育、卫生、基础设施等领域的发展项目，也用于帮助政府改变经济管理模式。国际复兴开发银行对借款国的贷款利率比其筹资成本高 3/4 个百分点，贷款的还款期一般为 15—20 年，在开始偿还本金之前还有 3—5 年的宽限期。

国际开发协会成立于 1960 年 9 月，其宗旨是为了促进增长和减少贫困，主要采用无息贷款、技术援助和政策咨询的方式，向收入最低的国家，即没有能力以商业利率借贷的贫穷国家提供无息贷款和发展援助，也称为世界银行软贷款。国际开发协会的资金主要来自较富裕的成员国捐款，信贷规模占世界银行贷款总额的 1/4。只有人均国民生产总值低于 1445 美元的国家才能得到国际开发协会的贷款，但实际上仅向人均国民生产总值低于 885 美元的国家贷款。软贷款不收利息，只收取 0.75%的手续费，规定还款期一般为 35—40 年，宽限期为 10 年。

由于国际复兴开发银行和国际开发协会是由相同的机构和人员经营，所以习惯上把上述两种贷款统称为世界银行贷款。

世界银行的资金来源主要来自四个方面：会员国缴纳的份额、在国际金融市场上发行债券、出让债权和接受捐赠。

会员国缴纳的份额是世界银行的资本金，和会员国的投票权挂钩，缴纳额度视会员国的经济水平而定。发行债券是世界银行主要的资金来源，目前世界银行是全球资本市场上最大的非居民借款人。除了向市场上的机构投资者发行 3A 级债券以外，世界银行也直接向会员国的政府和中央银行发行中、短期债券。世界银行还会将贷出款项的债权转售给国际商业银行等金融机构，回收一部分资金，以扩大世界银行贷款资金的周转能力。

1980 年以来，包括其他开发银行、欧洲联盟、国家援助计划署和出口信贷机构在内的其他融资方开始为世界银行的项目和计划提供补充资金。联合融资方每年为世界银行的发展项目提供 70 亿—80 亿美元的补充资金，相当于世界银行本身融资额的 1/3。办理联合贷款的具体做法是：世界银行对同一项目提供两笔贷款，一笔贷款的资金由世界银行按自身标准提供，另一笔贷款的资金大部分由商业银行组成的银团按欧洲货币市场条件提供，世界银行最多参资 25%。这种联合融资可以把国际私人资本引入到发展中国家的基础设施建设中。

(2) 世界银行贷款条件

世界银行贷款只面向经济基础较差，人均收入水平较低的会员国发放，且能证明申请国确实不能以合理条件从其他来源得到资金。

在此基础上，世界银行会严格审查贷款国的发展前景和偿还能力，以及使用资金项目的必要性和前期准备工作的完善程度，同时要求申请国政府或中央银行为贷款偿还提供担保。

人均国民生产总值低于1445美元的国家可以得到国际复兴开发银行和国际开发协会的混合贷款，人均国民生产总值低于5225美元的国家可以得到国际复兴开发银行的硬贷款。世界银行鼓励借款国随着经济实力的增强，摆脱对世界银行贷款的依赖，而从常规资本渠道获得资金。人均国民生产总值高于5225美元的国家则从世界银行“毕业”，不再得到贷款。

目前世界银行仍是以农业和农村发展，能源运输基础设施，以及教育、环保等为重点贷款方向。对借款国的贷款额度根据借款国人均国民生产总值、债务信用强弱、借款国发展目标、投资项目的可行性及在世界经济发展中的次序而定。一般只提供项目建设总投资20%—50%的资金（中国为35%左右），其余部分由借款国自己筹措，借款国必须匹配足够的配套资金。



(3) 世界银行贷款程序

在我国，财政部是管理世界银行贷款的“对外窗口”单位。世界银行贷款由财政部代表中国政府统一申请，再按照一定的转贷条件转给项目单位使用。目前，财政部确定转贷利率是遵循国务院规定的不赔不赚，自求平衡的原则，对于财务效益好、还本付息能力强的项目，一律按现行国内市场利率进行转贷。对于财务效益较差，社会效益突出的项目，则考虑不同项目的财务收益率、行业性质和项目所在地的经济发达程度等因素，在转贷条件上给予不同程度的照顾。

1998年以后，世界银行针对我国的贷款，按项目所属行业分成三种类型，采取不同的转贷渠道和模式。公益性项目，包括卫生、教育、水利、环保、扶贫、市政设施等，由财政部转贷给地方政府。经营性基础建设项目，包括能源、交通、通信及农业、林业等，由财政部转贷给国家开发银行，再由国家开发银行转贷给项目单位；属于非经营性的基础建设项目按照公益性项目执行。竞争性项目，主要包括工业项目，由财政部转贷给国有商业银行或非银行金融机构，再由其转贷给项目单位。

除财政部外，涉及世界银行贷款的管理部门还有国家发展和改革委员会、行业主管部门、外交部、国家外汇管理局、国务院机电设备进口审查办、海关总署、国家审计署等。这些部门分工负责，相互协调，配合世界银行的项目管理程序，共同对我国利用世界银行贷款的项目实施管理。

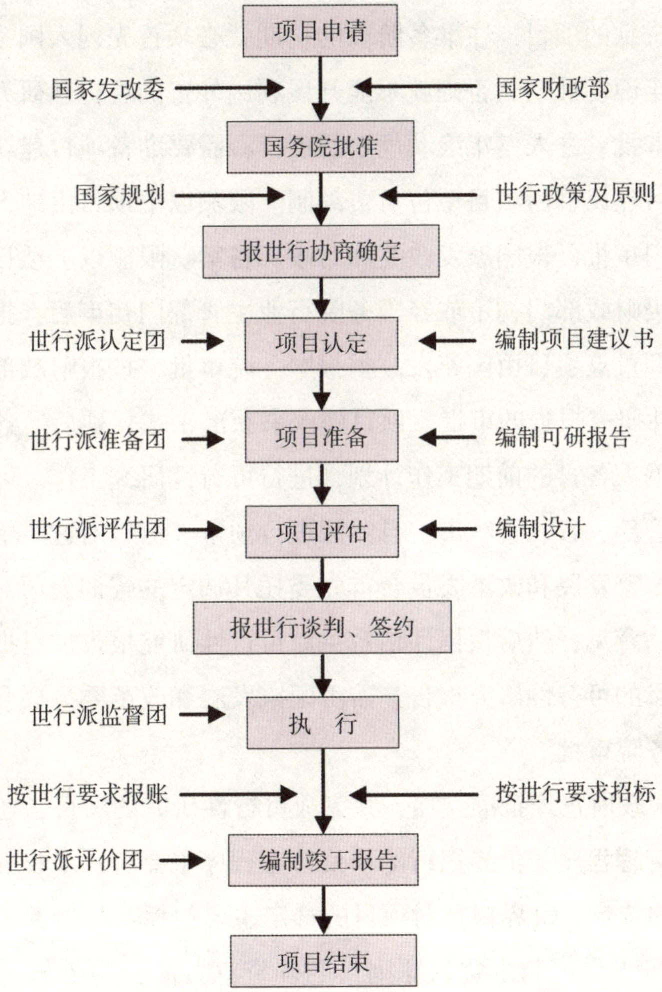


**图 5　我国利用世界银行贷款程序图**

从上图可以看出，申请世界银行贷款首先需要获得我国相关管理部门的认可，主要经过三个环节：

a. 贷款规划的制定。自1988年以来，国家发展和改革委员会和财政部在每年年初，都要根据国家的发展规划和有关部门的项目建议，制定我国未来三年利用世界银行贷款的初步方案，并与世界银行商谈。然后根据商谈结果，报国务院审批并形成正式的执行计划。由于该计划是安排未来三年的贷款内容，并且每隔一年向前调整一次，故称其为三年滚动计划。因此，拟利用世界银行贷款的项目，在准备阶段的初期就必须首先列入国家利用世界银行贷款的三年滚动计划，否则就不能开展利用外资的可行性研究。

b. 立项审批。进入三年滚动规划的项目，需要准备项目建议书，申请正式立项。项目建议书由项目单位负责编制。限额以下项目由地方发改委会同同级财政部门审批，报国家发改委和财政部备案。限额以上项目需经地方发改委会同同级财政部门初审或经国务院行业主管部门初审后，报国家发改委审批；特大型重点项目由国家发改委报国务院审批，抄报财政部。



c. 可行性研究报告的审批。项目建议书获准正式立项后，各级计划部门即可将项目纳入各自的前期工作计划，进行可行性研究工作。可行性研究报告先由各主管部、省、直辖市、自治区进行预审，然后由这些单位报国家发改委审批。国家发展和改革委员会首先委托其选定的咨询公司对报告进行评估并提出评估意见，然后根据评估意见对可行性研究报告加以批复。重大项目和特殊项目的可行性研究报告，需由国家发展和改革委员会会同有关部门预审，报国务院审批。

经过我国政府正式批准立项，并完成可行性研究的项目，还要通过世界银行的项目管理程序，世界银行的项目管理程序主要有六个步骤：

a. 项目的选定。世界银行对项目的选定主要包括：与借款国开展各个方面的经济调研工作；制定贷款原则，明确贷款方向；与借款国商讨贷款计划；派出项目鉴定团赴借款国进行实地考察。

b. 项目的准备。在世界银行与借款国共同选定贷款项目之后，项目进入准备阶段。在该阶段，世界银行会派出由各方面专家组成的代表团，与借款国一起正式开展项目贷款的前期调研和准备工作，为下一阶段的可行性分析和评估打基础。项目准备工作一般由借款国承担直接责任和主要责任。

c. 项目的评估。项目准备完成之后，即进入评估阶段。项目评估基本上是由世界银行自己来完成的。世界银行评估的内容主要有五个方面，即技术、经济、财务、机构、社会环境。世界银行建立了一套复杂全面的指标衡量体系，以全面评估项目的必要性和效益。

d. 项目的谈判。项目谈判一般先由世界银行和借款国双方商定谈判时间，然后由世界银行邀请借款国派出代表团到华盛顿进行谈判。双方一般就贷款协议和项目协定两个法律文件的条款进行确认，并就有关技术问题展开讨论。

e. 项目的执行。谈判结束后，借款国和项目方要对谈判达成的贷款协定和项目协定进行正式确认。在此基础上，世界银行管理部门根据贷款计划，将所谈项目提交世界银行执行董事会批准。项目获批准后，世界银行和借款国在协议上正式签字。协议经正式签字后，借款国方面就可根据贷款生效所需条件，办理有关的法律证明手续，并将相关的法律文件送世界银行进行审查。如果手续齐备，世界银行宣布贷款协议正式生效，项目进入执行阶段。



f. 项目的后评价。在一个贷款项目执行结束后的一定时间内，世界银行要对该项目进行总结，即项目的后评价。后评价主要对项目进行收尾，并总结项目前几个周期过程中的经验教训，评价项目预期收益的实现程度。

从以上程序可以看出：世界银行贷款的申请手续十分烦琐，要求异常严格，一般需要一年半到两年的申请时间。

### 案例 4　重庆利用世界银行贷款建 2000 基层医卫机构

2008 年 11 月 16 日重庆市获得 4 亿元人民币世界银行贷款，用于建设 2000 多个基层医疗卫生服务机构。

为配合全市统筹城乡综合改革试验，推动全市基层医疗卫生服务机构标准化建设，重庆市卫生局完成了“世界银行贷款重庆市统筹城乡发展与改革项目——基层医疗机构能力建设子项目”初审工作。按此项目计划，重庆市利用世界银行贷款4亿元人民币，支持38个区县（自治县）建设80个城市社区卫生服务中心、400个城市社区卫生服务站、120个农村乡镇卫生院以及2000个村卫生室。

首批示范的万州区、涪陵区、铜梁县的549个项目将于2010年启动。据介绍，项目建成后，将极大地改善当地医疗卫生服务条件，缩小农村与城市的医疗卫生服务差距。

届时，重庆市以县级医院为龙头、乡镇卫生院为骨干、村卫生室为基础的农村三级医疗卫生服务网络将得到健全，为社区居民提供疾病预防等公共卫生服务和一般常见病、多发病、慢性病基本医疗服务的能力将得到增强。



## 2. 国际金融公司贷款

国际金融公司（IFC）是世界银行集团成员之一，成立于1956年7月，其宗旨是对发展中会员国家的私人企业新建、改建和扩建提供贷款资金，促进发展中国家私营经济的增长和国内资本市场的发展，从而减少贫困，改善人民生活。它是世界银行的分支机构，但从财务制度和法律地位上看，它又是独立的经营实体。

国际金融公司的资本金来自其175个成员国，资本总额目前达到20多亿美元，其中美国认缴的股本金最多，占到30%以上。国际金融公司的资金来源还包括来自世界银行以及一些国家政府的贷款，同时还有大量从国际金融市场上筹集的资金。

按照国际金融公司的章程规定，它按照商业原则运作，并可获取利润。因此，国际金融公司在提供资金时，往往采取贷款与资本投资相结合的模式，即除了向项目方提供贷款外，还会购买借款方的股权，但是国际金融公司并不参与其投资企业的经营管理活动。

国际金融公司的投资对象主要是会员国的中小型私营企业，贷款的方向主要是亚洲、非洲和拉丁美洲的发展中国家，其中巴西、土耳其、前南斯拉夫、韩国得到的贷款最多。贷款部门主要是制造业、加工业和采掘业，也有旅游和金融服务行业。

国际金融公司就单个项目的投资总额作了限制。就新建项目而言，投资总额最高占项目估算成本的25%，对于小型项目在特殊情况下最高可达估算成本的35%。就扩展型项目而言，投资额最多可占项目成本的50%，且不超过项目公司资金总额的25%。投资金额一般在200万—400万美元之间，最高也不会超过3000万美元。

国际金融公司的贷款期限一般为7—15年，贷款的利息率不统一，视投资对象的风险和预期收益而定，一般要高于世界银行贷款。

国际金融公司在进行投资之前，会对项目进行十分严格的可行性评估，包括派出专家小组对项目进行全面的考察，以确定项目有合理的盈利水平，并且对东道国的经济发展有贡献。在决定进行投资后，国际金融公司还会向项目主办企业提供必要的技术援助，并且还向会员国政府提供政策咨询服务，以协助创造良好的投资环境，从而达到促进私人投资的目的。



国际金融公司投资的一个重要特点和显著优势是，它习惯于与商业金融机构和私人投资者进行联合投资，从而促进私人资本在国际范围内的流动。在过往的项目中，国际金融公司平均每投资1美元，就能带来其他投资者和债权人5美元的投资。因此，国际金融公司的参与，通常能极大增强投资各方的信心。

### 案例5　国际金融公司在中国

**世纪阳光生物科技有限公司融资案例**

世纪阳光生物科技有限公司是中国领先的有机肥生产企业，从事用于茶、果、蔬菜、花生和桉树的有机肥生产与销售，同时还生产微生物复合肥以及有机农药。公司在福建省的龙溪和建瓯以及江西省的南昌设有工厂。

为了适应不断增长的市场需求，公司计划通过在福建漳州投资建厂和收购、改进现有生产线来扩大产量。为此，IFC 将为项目提供最高达 2000 万美元的贷款，分为 1.2 亿元人民币（折合 1500 万美元）和 4000 万港元（折合 500 万美元）两部分。人民币贷款的来源为 IFC 在中国所发行的第二期人民币债券。

中国在过去几十年间广泛使用化肥，造成土质退化，水体污染。过度使用无机肥也降低了农作物抵抗病虫害的能力，使得化学杀虫剂的使用不断增加。本项目将支持使用环保肥料，满足国内外市场对有机农产品不断增长的需求。有机肥的生产对食品安全、有效处理食品工业和畜牧业的副产品也十分重要。公司以牲畜排泄物和食品企业的副产品为原料，将其转化为高附加值的有机肥。

IFC 将帮助公司获得长期融资，使其零负债的资本结构得以改善。另外，IFC 还在寻求机会为公司提供技术援助，扩大其“示范田”项目，从而鼓励农民进行可持续性的生态农业，减少化肥的使用，帮助农民增产增收。



**南京银行促进小企业融资案例**

南京银行是江苏省会城市南京的第六大银行。南京银行创立于 1996 年，是在整合南京市 39 个城市信用社的基础上建立的，原名南京市商业银行。该行的主要股东包括南京国有资产管理局、法国巴黎银行和南京新港高科技有限公司。IFC 于 2005 年 12 月将 10%的股份转让给法国巴黎银行，目前仍持有南京银行 5%的股份。

为支持南京银行向小企业扩大融资规模，IFC 将向南京银行提供一笔长期贷款，贷款金额最高可达 3.76 亿元人民币（折合 4720 万美元）。资金来源为 IFC 在中国发行的第二期人民币债券。

该项长期贷款将有助于改善该行的资产负债表结构。除此以外，IFC 还将提供为期 2–3 年的技术援助项目，主要内容包括信贷评估程序的改善、信用打分模型的优化、培训以及针对小企业的产品开发。提高南京银行向小企业贷款的能力。

中国85%的企业为小企业。IFC中国项目中心的一项调查显示，70%的小企业认为融资难是居于首位的障碍。中国政府，尤其是银行管理部门，鼓励银行向小企业提供贷款。本项目通过扩大小企业融资渠道，从而支持小企业的发展。同时通过培训和产品创新，协助南京银行提高小企业贷款能力，提高中国银行界的整体水平。

**上海复星药业有限公司融资案例**

上复星医药有限公司是一家中国领先的药业公司，开发、制造和销售190多种复方药，包括部分中药和20种不同类型的API（活性药物成分）。复星在妇科疾病、肝病、糖尿病治疗领域的市场占有率处于领导地位。复星及其关联企业中国医药控股公司（以下简称国药控股）控制着中国最大的药品批发和零售网络。



IFC拟向复兴提供不超过5000万美元的等值人民币贷款，用于：新增投资用以扩大产能和销售；作为股改方案的一部分，向流通股小股东一次性支付股利；参加国药控股的配股，增强复星在药品销售领域的地位。项目总成本预计为1亿美元，贷款的资金来源为IFC在中国发行的第二期人民币债券。

IFC的长期贷款将协助复星改善负债的期限配置。另外，通过支持复星参与国药控股的配股，有助于巩固私营企业在药业领域的参与度，推动复星继续在国药控股中发挥作用，分享私营企业的管理经验。IFC还将协助所有复星控股的子公司采纳IFC的环境管理政策。

## 3. 亚洲开发银行贷款

亚洲开发银行（ADB）是亚洲及太平洋地区的一个区域性国际金融组织，于1966年成立，总部设在菲律宾的马尼拉。1986年3月，我国成为亚洲开发银行正式成员国。到1998年底，亚洲开发银行共有成员国57个，其中41个成员来自亚洲及太平洋地区，称为本地区成员，另外有16个非本地区成员，主要来自欧洲和北美洲。

亚洲开发银行贷款大体有四个发放途径：普通资金贷款，亚洲开发基金贷款，技术援助基金及一些其他项目（如日本特别基金）。

普通资金贷款，又称硬贷款，来源于亚洲开发银行的股本、储备金、净收益和预交股本等。亚洲开发银行初建时的法定股本为10亿美元，日本和美国是亚洲开发银行最大的出资者，我国排第三位。硬贷款的贷款利率为浮动利率，每半年调整一次，贷款期限为10–30年，含2–7年的宽限期。

亚洲开发基金创建于1974年，用于向亚太地区贫困成员国发放优惠贷款，又称软贷款。基金来源主要由亚洲开发银行发达成员国捐赠，并从各成员国缴纳的实缴股本中拨出一部分。软贷款只提供给人均国民收入低于670美元（1983年价格）且还款能力有限的会员国或地区成员，贷款期限为40年，含10年宽限期，没有利息，仅有1%的手续费。



技术援助特别基金于1967年成立，是将提供技术援助与贷款项目相结合，以帮助科技和经济方面比较落后的发展中成员国提升人力资源素质和加强执行机构的建设。基金主要来源于各成员国的捐款和亚洲开发银行的一部分业务收入。技术援助分四种：项目准备工作的技术援助；项目执行工作的技术援助；咨询性的技术援助和区域活动的技术援助。

日本特别基金是1988年成立，由日本政府出资，主要用于以赠款形式，针对发展中成员国的公私营项目进行技术援助。此外还会针对部分私营项目进行单独或联合的股本投资。

亚洲开发银行的贷款模式包括：项目贷款、规划贷款、部门贷款、开发金融机构贷款、综合项目贷款、特别项目执行援助贷款和私营部门贷款等。其中，项目贷款是为成员国规划的具体项目提供贷款，是亚洲开发银行传统的贷款模式。贷款项目要求经济效益较好、有利于借款成员国的经济发展，并且借款成员国有较好的信用。

亚洲开发银行贷款的重点方向和业务领域包括：农业、能源、交通运输及通信、教育卫生、城市发展、环境保护、消灭贫困、扶持妇女事业、促进私营部门发展等方面。其中，对基础设施和社会发展的贷款，主要集中在排水、环境保护、城市发展、住房、卫生、教育和人口控制等方面。

申请亚洲开发银行贷款的程序与申请世界银行贷款的程序基本相同。

### 4. 外国政府贷款

外国政府贷款是指一国政府向另一国政府提供的优惠贷款，是国家主权债务，其贷款对象一般是经济比较落后或缺乏资金的国家，具有政府间开发援助的性质。它具有利率低、期限长、附加条件较多的特点。

政府贷款的主要形式是混合贷款，即低息优惠贷款或赠款和出口信贷①结合使用。许多发达国家为了扩大本国货物出口，增强本国商品的国际竞争力，在由政府提供优惠贷款或赠与的同时，本国商业银行也会提供一定的出口信贷额度，用于购买本国的资本商品和劳务。

利用外国政府贷款是我国引进外资的一个重要渠道，也是公共设施建设的重要融资模式。城市污水处理、垃圾处理、轨道交通、环境保护等基础设施项目都可以考虑利用外国政府贷款进行建设。

(1) 外国政府贷款的归口管理

根据 2000 年 6 月国务院《关于进一步加强外国政府贷款管理若干意见的通知》，由国家发展和改革委员会和财政部负责外国政府贷款项目的国内审批和对外工作。

国家发展和改革委员会负责对外国政府贷款的总量控制、结构优化和监

① 出口信贷是一种国际信贷方式，它是一国政府为支持和扩大本国大型设备等产品的出口，增强国际竞争力，对出口产品给予利息补贴、提供出口信用保险及信贷担保，鼓励本国的银行或非银行金融机构对本国的出口商或外国的进口商（或其银行）提供利率较低的贷款，以解决本国出口商资金周转的困难，或满足国外进口商对本国出口商支付货款需要的一种国际信贷方式。出口信贷名称的由来就是因为这种贷款由出口方提供，并且以推动出口为目的。

测工作，会商有关部门提出利用外国政府贷款的中长期规划和年度借用外国政府贷款的总规模，编制利用外国政府贷款备选项目规划；制定外国政府贷款的区域投资政策及产业投资方向；按照国家基本建设程序和有关规定做好项目建议书及可行性研究报告的评估和审批工作。

财政部负责外国政府贷款的对外谈判与磋商工作；为各地区和有关部门申报项目及时提供贷款资金信息；指导项目所属地区财政部门和中央部门组织好对贷款项目的财务评估；加强对谈判、签约、转贷、使用及偿还等环节的管理；根据国内的贷款需求并结合贷款国的具体情况，统筹做好对外工作。

贷款项目严格按照国家基本建设程序和有关规定办理立项审批手续，重大项目由国家发展和改革委员会商财政部后报国务院审批。计划部门负责审核项目的资金使用规模及投向；财政部门负责审核项目的财务偿还能力，以及是否符合贷款国的有关规定。项目经批准立项后，由财政部统一对外提交。



(2) 外国政府贷款的申请程序

针对不同国家的政府贷款，项目单位的申请程序也不尽相同，一般有以下几个步骤：

a. 由贷款国有关机构向我国外国政府贷款的对外窗口部门（通常是中华人民共和国财政部，日本能源贷款的对外窗口是中国银行）提出贷款意向，窗口部门将贷款国的贷款意向及要求报国家发展和改革委员会，并据此制定利用外国政府贷款计划；

b. 根据发布的贷款计划，拟申请贷款的项目单位可编制项目简介，经地方计划和财政部门，上报国家发展改革委员会和财政部备选。国家发展和改革委员会根据贷款条件、贷款国特征，以及地方及部门批准的项目建议书、可行性研究报告进行综合平衡，并向窗口单位下达备选项目安排方案；国家发展和改革委员会在选择备选项目时一般遵循以下原则：

● 项目要符合国家中长期发展规划、行业发展规划和产业政策，一般要求项目已批准立项；

● 优先安排国家重点项目以及国家优先发展产业（农业、水利、交通、通信、能源、主要原材料等），优先用于增加出口创汇的项目，对中西部地区适当倾斜；

● 项目配套资金能够落实，并具有一定的经济效益和还贷能力，贷款偿还责任能够落到实处；

● 各地方部门已有的贷款项目实施情况和债务状况以及贷款偿还信誉；

● 结合贷款的特征和要求，尽可能符合贷款国的有关规定和要求，对限制采购的贷款还要考虑贷款国的技术水平和供货能力。

c. 国家发展和改革委员会审批限额以上项目（贷款金额500万美元以上）可行性研究报告或者利用外资方案，限额以下项目（贷款金额500万美元以下）按隶属关系由主管部门或省（区）、直辖市的计划部门审批。有以下情形之一的限下项目，需国家发展和改革委员会审批项目利用外资方案：一是先作为内资项目已批可行性研究报告后又提出利用外国政府贷款的；二是项目可行性研究报告已批准，但其中利用外国政府贷款的内容和深度满足不了对贷款的需要和机电设备审查部门要求的；三是项目可行性研究报告报批后，贷款采购内容有较大调整的；

d. 对外窗口单位按照国家发展和改革委员会下达的备选项目方案对外进行谈判，对方承诺贷款和项目，双方签署贷款备忘录或者贷款协议；

e. 承担采购任务的外贸公司按照国内有关规定及贷款国有关规定对外进行技术和商务谈判，或进行国际招标。限额以上项目的采购公司由财政部统一指定；限额以下项目，项目单位报主管部门同意后，可委托有资格的采购公司对外采购；

f. 有关金融机构根据政府贷款协议和商务合同与对方签订金融协议，并办理国内转贷手续；

g. 商务合同生效，项目进入实施阶段。

进行实施阶段后，项目单位应严格按照批准的外资方案按期完成工程建设。对外采购代理公司要配合项目单位做好外国政府贷款使用中的有关工作，保证项目顺利实施。转贷银行应在金融协议生效后1个月内，将有关情况，如贷款总额、支付进度安排等，报送国家发展和改革委员会；同时，还应注意研究国际金融形势，做好外债风险防范工作。

(3) 外国政府贷款的转贷管理

财政部1999年11月印发了《关于外国政府贷款转贷管理的暂行规定》。外国政府贷款转贷业务，除贷款国另有规定外，由中国进出口银行等国家政策性银行、国有商业银行和交通银行承办。其他金融机构受委托需办理外国政府贷款的转贷业务，则报请财政部个案审批。

按照还款责任的不同，我国对外国政府贷款项目的转贷管理分为三种类型：

第一类是指省级财政部门作为借款人，并承担偿还责任的项目。这类项目由省级财政部门推荐代理银行，经财政部审核通过后，由财政部将贷款款项委托给代理银行，再由代理银行转贷给有关省级财政部门。代理银行不对项目进行评估。



第二类是指项目单位作为借款人，并承担偿还责任，省级财政部门同意提供还款保证的项目。这类项目由项目单位选择转贷银行，通过省级财政部门和财政部同意后，由财政部委托转贷银行办理转贷业务。转贷银行原则上不对项目进行评估。

对于上述两类转贷项目，由转贷银行负责安排收回贷款本息，并对外承担还款责任。如项目单位和省级财政部门未能有效履行还款和担保责任而导致不能按期对外还款时，转贷银行必须对外垫付，同时将垫付的本息、罚息及有关费用清单及时上报财政部。在财政部审核无误后，将采取中央财政对地方财政部门扣款等措施，将垫付资金拨付给转贷银行。

第三类是指项目单位作为借款人，并承担偿还责任，省级财政部门不提供还款保证，而由转贷银行作为对外最终还款人的项目。这类项目由项目单位推荐转贷银行，经省级财政部门和财政部审核后，通知转贷银行自行对项目进行评估，根据评估情况自主决定是否转贷，并和项目单位签订转贷协议。转贷协议确定的转贷条件中，政府软贷款部分贷款期限不得少于建设期结束后5年，贷款利率和费用不得超过原贷款利率及费用2个百分点。

（4）利用外国政府贷款的注意事项

地方政府和拟建项目在申请利用外国政府贷款的过程中，要充分注意以下问题，以提高外国政府贷款申请的成功率和资金的使用效率。

a. 项目能否列入国家利用外国政府贷款和备选项目至关重要，因此地方政府要及时提出利用贷款计划和申请，报送国家发展和改革委员会和财政部。

b. 要注意贯彻产业和区域发展政策。依照国家产业政策和外国政府贷款特点，把握贷款主要投向农业、水利、交通、能源、通信、环保以及公共设施建设等领域的特征,充分挖掘具有基础性和公益性的项目。中西部区域在落实西部大开发战略的过程中，可以积极申请贷款，加大支持西部开发的力度。同时，项目选择也要符合贷款国的政策要求和技术特征。

c. 要从实际情况出发，根据各自的财务状况，以及产业和资源优势，既积极利用外国政府贷款，又注意量力而行，切实防止片面追求贷款数量、忽视项目质量、重贷轻还的不良倾向。

d. 要强化债务管理，保证还款。明确和落实主管部门、地方政府、转贷机构和项目单位的责任，加大对贷款项目的管理力度，提高决策和经营水平，确保项目按时还款。外国政府贷款偿还期较长，必须建立一套行之有效的制度确保对外按期还贷。

e. 防范汇率风险。借用外国政府贷款一般使用贷款国货币，而使用外币贷款均存在汇率风险，可能出现因外币升值而导致债务负担增加。因此，在利用外国政府贷款时，应该充分考虑汇率变化因素，讲求贷款的综合效益，采取各种可能的措施对汇率风险加以防范。

### 实务4　日本海外经济协力基金会的贷款执行程序

日本海外经济协力基金会的贷款项目执行，分为项目的招标采购、贷款支付和偿还、项目监督以及总结评价四部分。

(1) 招标采购程序。基金贷款的采购主要采取国际竞争性招标，主张面向所有合格货源国的设备供应者和工程承包者。有些是属于有限制的采购，即指借款国只能购买日本生产的产品和技术咨询等劳务。对于那些不适合采用国际竞争性招标模式采购的，可采用协议办法采购，如较少批量和较小的配件设备、较分散的小工程，以及短时需要的咨询等。

国际性投标一般不少于45天，土木工程一般不少于90天，时间充裕一些可以便于承包商对项目进行现场考察和勘测。评标工作则要求按标书中规定的条款进行，尤其是价格和时间（开竣工日期、设备的交货速度、安装调试完成日期等），借款国执行机构或咨询机构对中标者要提交详细报告，说明中标的理由。若被认为是竞争的最佳者，则授予中标者合同书。合同书中要明确主要条款，包括明确的技术规格标准、合同价格、各种担保以及履约保证金等。关于招标书的制定、合同的授予和签订，借款国都要事先征得协力基金组织的同意。一般情况下，贷款国在招标和评标中都派代表参加。

(2) 贷款的支付控制在规定的数额和期限之内，采取分期付款模式进行，每次支付都要经过协力基金组织审核无误，例如，是否与合同规定相一致，采购与施工进度是否正确无误等。当贷款支付最终完成时，协力基金组织就向借款人寄送“支付完成通知书”，一式两份，经授权代表签署后，将其中的一份退回协力基金组织。由于贷款的币种是日元，因此采购中都应以日元计价。在计算总贷款额时，应折算成日元，以防止超过承诺的贷款总额度。协力基金组织采用开具信用证的方法来实施付款程序，只有在特殊情况下才采用直接支付。借款国对于所借贷款，要遵照协议按期还本付息，若不能按期执行，则要支付过期费。借款国若征得协力基金组织的同意后，也可以提前偿还全部或部分已支用的贷款及其利息，提前偿付的资金可以采取从原分期偿还本金计划的最后一次付款起，逐笔抵消，借款国仍将根据分期付款计划付下一次的本金。这种形式可视为倒顺序的分期付款。

(3) 项目执行监督。在项目的执行实施过程中，基金组织的执行监督活动贯穿始终，包括贷款进度监督，如贷款协议、采购支付和偿还本息等；项目实施监督，如设备采购后的验收、装船运输、安装、调试，工程的设计、施工、竣工验收、总结等。在此期间，基金组织可以在技术、管理、财务、培训等方面随时进行检查并提出建议，可以通过派出调查监督团及要求借款方报送工程进度报告等形式来监督。

(4) 项目总结及评价。基金组织在全部建设内容竣工或贷款支付完成后，要求借款方项目执行部门提交项目竣工报告，并对项目的完成进行总结评价；而贷款方要对规范、设计、施工、资产及运行的情况进行分析、总结、评价。若双方均感满意，则项目贷款达到预期目的，贷款项目宣告结束。

(5) 项目后评价。利用外国政府贷款限上项目建成后一年内，各项目单位必须委托有资格的咨询公司进行项目后评价，并按原审批渠道向国家发展和改革委员会提交后评价报告，总结经验，为今后提高利用外国政府贷款水平提出建议。

# 第六章　地方政府债券

## 1. 地方政府债券的概念

债券是政府、金融机构、工商企业等机构直接向社会借债筹集资金时，依法向投资者发行，承诺按一定利率支付利息，并按约定条件偿还本金的债权债务凭证。债券包含了四层含义，即债券的发行人是资金的借入者；购买债券的投资者是资金的借出者；发行人需要在一定时期还本付息；债券是债务关系的证明书，具有法律效力。

债券融资属于直接融资，包括自然人和企事业法人在内的所有经济主体，都可以通过购买债券，直接与借款人形成债权债务关系。

债券的票面利率主要取决于当期资本市场的资金成本和债券发行者自身的信用等级。为吸引社会闲散资金，债券的利率必须高于同期限的国债利率和银行存款利率。在这个基础上，政府债券的信用等级最高，因此利率最低；其次是大型工商企业和金融机构的债券，通常会低于同期商业银行贷款利率；而资信度较低的中小企业债券的利率则可能要高于同期的贷款利率。

债券发行须遵循有关证券发行的法律规定，经主管机关核准或者登记，并履行一系列信息披露义务。债券发行后，债权人可选择持有到期，获取利息收入；也可以参与债券市场交易；还可以在柜台市场上贴现或者向银行抵押贷款。

政府债券是以政府（或政府部门）为融资主体，为了筹措资金而向投资者出售的，承诺在一定时期支付利息和到期还本的债务凭证。依政府债券发行主体的不同，又可分为中央政府债券和地方政府债券。

政府发行公债，一般有两种情况：一是为弥补预算收支差额发行公债，称为“赤字公债”，如我国 1981 年以来发行的国库券主要就是属于这种性质；二是为经济建设筹集资金发行公债，称为“建设公债”，比如我国 2009 年发行的地方政府债券等。

各国地方政府发行债券筹集资金一般用于社会公益性项目和基础设施的建设，债券的用途在有关的地方政府法规和地方债券管理条例中有明确的规定。地方政府债券通常以地方政府的税收收入或公共项目收益作为担保，运作规范，违约率很低，信用等级仅次于国债，被誉为“银边债券”。由于风险较低，因此地方政府债的票面利率也不高，有利于低成本融资。而对于投资者而言，利息收入通常可免交所得税，因此也是不错的投资品。

另外，地方政府债券有良好的流动性。在地方政府债券制度比较完善的国家，大多有高度发达的地方债券市场，而且由于地方政府债券安全性好，债券的信用等级比较高，投资者愿意接受，所以二级市场活跃，在转让过程中随时都可以被吸纳和接受。



### 专栏 4 美国市政债券

在美国，市政债券的发行人包括州县政府以及他们的代理机构和授权机构。其中，政府代理机构和授权机构在组建时，就会有专门的立法对其发行债券的权力进行严格明确的界定[①]。

---

① 具体来看，美国的一般责任债券往往由政府的征税权力来担保，因此，只有有权征税的政府才能发行一般责任债券。收入债券则主要由某些政府事业的收入来担保，此类债券包括供水收入债券，以供水系统的收入来偿还；供电收入债券，以市政供电系统的收入来偿付。收入债券的发行人不一定是政府，政府代理机构和授权机构都可以发行收入债券。例如纽约及新泽西港湾管理局没有权征税，因此它发行的多种债券均为收入债券。

表2　2000年美国发行主体构成及比例

| 发行主体 | 比例（%） |
| --- | --- |
| 县级政府 | 39.5 |
| 州级代理或授权机构 | 30 |
| 县级代理或授权机构 | 18.6 |
| 州级政府 | 9.7 |
| 公立大学 | 1.7 |
| 合计 | 100 |

数据来源：Thomson Financial Securities Data.



对于投资者来说，市政债券最重要的优点是免缴利息收入的联邦所得税，因此对个人投资者的吸引力非常大，因为他们能从免税政策极大受益。此外，商业银行、财产和意外伤害保险公司等，都是美国市政债券的重要投资者。

美国市政债券主要有两种发行方式：公开向投资公众发行（公开发行）和私下配售给少数机构投资者（私募发行）。公开发行又有两种方式：竞争承销和协议承销。

竞争承销，即以竞争投标的方式发行债券。它要求市政债券的发行人在公开刊物上刊登公告，即正式销售通知。公告的内容包括：发行规模、到期安排、发行时间、地点和日期、保证金数额以及投标方式等。意向承销的承销商看到通告后将组成承销团参与竞标。承销团管理人和成员共同协商确定息票利率、再销售价格、销售折让、承销差价以及认购时间等。牵头管理人负责标书编制和呈递，确保其符合投标要求。

协议承销，即发行人向几家潜在的承销商发出邀请，然后这些承销商向发行人递交申请报告，说明他们承销的资质和能力。发行人在申请者中选出承销团的牵头管理人和成员，成立该市政债券的承销团。然后发行人设立一个初级市场账户，并与承销商签订委托协议。发行人和牵头管理人或联合管理人共同设计债券、确定发行的面值、票息率、付息方式、发行时机、发行价格、目标客户群、价差以及到期偿还方式。发行人和牵头管理人就这些内容达成一致后，由发行人理事会在一两天内作出最终授予该承销团债券发行权的决定。在所有债券售出以后，或在承销团牵头管理人认为时机成熟时，初级市场账户撤销，剩余债券转到二级市场交易。

美国市政债券的流动性很好，美国的市政债券交易市场是柜台市场，目前在美国市政债券规则制定委员会注册的交易商个数为 2700 家。美国市政债券规则制定委员会在美国证券和交易委员会的监督下制定市政债券市场的市场规则。

### 2. 我国地方政府债券的发展历程

新中国成立后，1950 年由中央人民政府批准，在东北发行了采取折实形式[①]计值的地方公债。地方折实公债的发行，是新中国发行地方公债的第一次尝试。1958 年 4 月政府作出《关于发行地方公债的决定》，决定从 1959 年起，不再发行全国性的公债，但允许地方在确有必要时发行地方公债。1959 年后，只有安徽、黑龙江等少数几个省份自行发行了少量的地方经济建设公债。

20 世纪 80 年代末至 90 年代初，许多地方政府为了筹集资金进行基础设施建设，都曾经发行过地方债券。有的甚至是无息的，以支援国家建设的名义摊派给各单位，有的直接充当部分工资，1993 年被国务院制止。自 1995 年 1 月 1 日起施行的《中华人民共和国预算法》第二十八条中明确规定“除法律和国务院另有规定外，地方政府不得发行地方政府债券”。

从 1998 年开始至 2004 年，我国实施积极的财政政策，并大量将国债资

---

① 指公债的募集和还本付息均以实物为计算标准，其单位定名为分。每分以上海、天津、汉口、西安、广州、重庆六大城市的大米（天津为小米）3 千克、面粉 0.75 千克、白细布 1.33 米和煤炭 8 千克的批发价，用加权平均的办法计算。

金转贷地方使用。转贷对象主要是地方的重点项目，并经国家确定为国债资金建设项目。中央财政将发行国债募集的资金转贷给地方专项使用，由地方政府还本付息，不列入中央预算，也不作为财政赤字处理。

**表 3 国债专项资金**

单位：亿元人民币

| 年 份 | 1998 | 1999 | 2000 | 2001 | 2002 | 2003 |
|---|---|---|---|---|---|---|
| 金 额 | 500 | 300 | 500 | 400 | 250 | 250 |

资料来源：各年度《财政预算执行报告》（2003 年为预算数字）。

国债转贷资金有力的支持了地方的公共工程和基础设施建设。但是，这种完全由中央政府包办的举债形式，具有明显的弊端：一是导致了中央政府对地方经济的直接干预，助长了地方政府对中央财政的依赖性。二是由于国债转贷资金是中央发债，地方使用，反映在预算管理中，转贷资金既不在中央预算反映，也不在地方预算反映，而是在往来科目中列示，造成了举借债务主体与资金使用主体脱节，责权划分不清晰，导致了资金使用效率不高，还款义务不清晰，增加了中央财政的负担和风险。三是地方政府违规配套资金。中央要求地方筹措资金与国债配套使用，而地方政府却向国有银行贷款以取得配套资金，这样又进一步加大了国有商业银行的风险。



2008 年美国次贷危机引发国际金融危机，对全球经济造成重大冲击。为扩大内需，保持经济平稳较快发展，中央政府果断实施积极的财政政策，出台四万亿元经济刺激计划，大规模增加政府公共投资。地方政府也被要求安排相应配套资金，同时根据实际情况扩大本级政府投资。

由于经济增长下滑，加上实施结构性减税，2009 年地方财政收入大幅度下降，地方政府的配套资金需求很难通过经常性收入安排。因此，地方政府发债被重新提上日程。

2009 年，经国务院批准同意，我国发行了 2000 亿元的地方政府债券。为了强化债券资金的监督管理，国务院明确规定，以省、自治区、直辖市和计划单列市政府为债券发行和偿还主体，由财政部代理发行并代办还本付息和支付发行费。同时，地方政府债券收支实行预算管理。由于债券的发行、使用和偿还主体是地方政府，债务人主体清晰，预算管理和公示程序明确，有利于提高发债资金的使用效率。

同时，由财政部代理发行偿付，有利于充分利用财政部多年来发行国债积累的丰富经验、成熟技术以及与投资者之间的良好关系，降低地方政府融资成本，提高债券发行效率。更重要的是，有利于在中央层面控制地方政府债的总体规模，统筹安排发行节奏，抑制地方政府的发债冲动，强化中央的宏观经济调控职能，促进地方政府债券市场的平稳有序发展。应该说，这一轮的地方政府债券发行过程中，进行了大量的有益探索和体制创新，初步建立了适合我国国情和经济发展需要的地方债发行模式。

### 3. 我国 2009 年地方政府债券

2009 年地方政府债券是经国务院批准同意发行的，以省、自治区、直辖市和计划单列市政府为发行和偿债主体，由财政部代理发行并代办还本付息和支付发行费的可流通记账式债券。地方政府债券冠以发债地方政府名称，具体为“2009 年××省（自治区、直辖市、计划单列市）政府债券（××）期”。债券期限为 3 年，利息按年支付，利率通过市场化招标确定。

2009 年地方政府债券的特点主要包括：地方债券由财政部代理发行、代理偿付，审批权、定额权和发行权没有放开；由省（自治区、直辖市、计划单列市）作为发行和偿债主体，发行经同级人大审批，偿还资金来自地方财政；用途限于非盈利性项目，可转贷县市使用；由财政部统一发行，发行方式仍采用国债模式，主要在银行间债券市场发行。

（1）审批程序

a. 国务院确定地方政府债券年度发行总规模。由财政部根据年度经济形势和宏观调控需要，综合考虑国家财政收支和各地实际情况，提出年度地方政府债券发行总规模，报国务院批准。2009 年总规模控制在 2000 亿元以内。

b. 各省级政府发债规模由本级人民政府在统筹考虑本地区实际需求和偿

债能力等情况后提出申请，由财政部根据中央投资项目配套资金需求和地方项目建设资金需求以及偿债能力等因素，在国务院批准确定的地方政府债券年度发行总规模内，提出省级政府债券具体发行额度建议[①]，报国务院批准。

c. 省级政府根据国务院核准的债券发行额度，编制相关投资项目预算，纳入省级预算统筹安排，相应编列财政赤字，提请同级人民代表大会或同级人民代表大会常务委员会审查批准。

d. 地方政府债券由财政部代理发行，并代办还本付息。

计划单列市政府发行地方政府债券比照省级政府管理。

(2) 发行程序

2009 年地方政府债券统一由财政部代理，按照记账式国债发行方式，面向记账式国债承销团甲类成员招标发行。招投标的具体流程如图 6 所示：

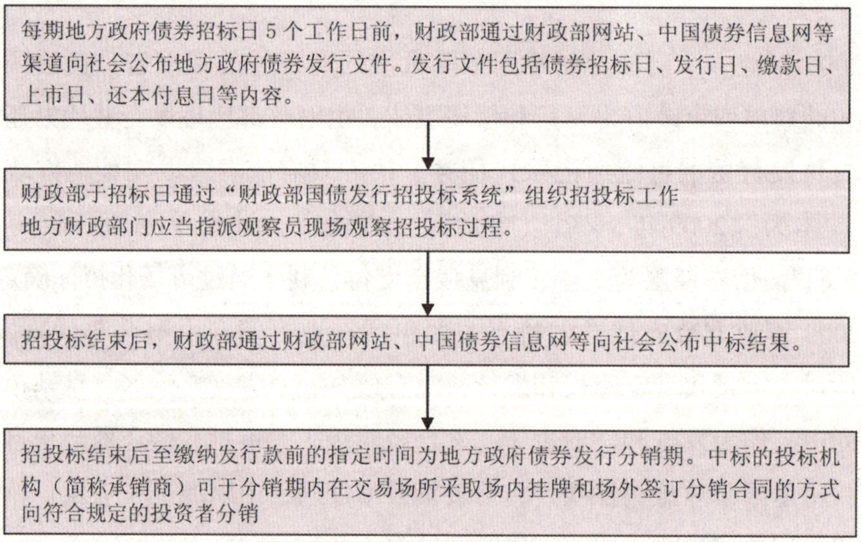


**图 6　地方政府债券招投标流程**

① 由于各地扩内需保增长的积极性较高，地方政府申请发债规模普遍较大，但受发行 2000 亿元债券总规模的限制，需要合理核定分地区规模。为此，财政部按照国务院有关规定，在 2000 亿元总规模内，根据中央投资公益性项目地方配套规模、地方项目建设资金需要以及偿债能力等因素，按公式法合理分配各地区债券规模。具体因素包括中央投资中公益性项目地方配套数、综合财力、债务率、财力增长率、财政困难程度等，其中重点因素为地方配套需求。

表4　2009—2011年记账式国债承销团甲类成员表

| 序　号 | 代　码 | 机构名称 |
|---|---|---|
| 1 | 1001 | 中国工商银行股份有限公司 |
| 2 | 1002 | 中国农业银行 |
| 3 | 1003 | 中国银行股份有限公司 |
| 4 | 1004 | 中国建设银行股份有限公司 |
| 5 | 1005 | 交通银行股份有限公司 |
| 6 | 1006 | 中信银行股份有限公司 |
| 7 | 1011 | 兴业银行股份有限公司 |
| 8 | 1017 | 南京银行股份有限公司 |
| 9 | 2000 | 中国银河证券股份有限公司 |
| 10 | 2003 | 国泰君安证券股份有限公司 |
| 11 | 2041 | 平安证券有限责任公司 |
| 12 | 2047 | 中信证券股份有限公司 |
| 13 | 2072 | 中银国际证券有限责任公司 |
| 14 | 2078 | 国海证券有限责任公司 |
| 15 | 4001 | 中国人寿保险（集团）公司 |
| 16 | 5008 | 中国邮政储蓄银行有限责任公司 |
| 特别承购机构（享受甲类成员待遇）： | | |
| 1 | 6036 | 全国社会保障基金理事会 |

债券利率以市场竞价的方式确定，在财政部代理发行、代办还本付息的方式下，可以认为地方政府债券信用等同于国债。由于各期地方政府债券在信用等级上并不存在差异，并且都享有与国债相同的免税政策，2009年发行的地方政府债券发行利率均与同期3年期记账式国债二级市场收益率较为接近①。

① 2009年3月27日招标发行的2009年新疆维吾尔自治区政府债券（一期）发行利率为1.61%，4月10日招标发行的2009年重庆市政府债券发行利率为1.70%。与同期3年期记账式国债二级市场收益率相比，均略高1个基点。

地方政府债券发行后可按规定在全国银行间债券市场和证券交易所市场上市流通。凡在中央国债登记结算有限责任公司开立债券账户及在中国证券登记结算有限责任公司开立股票和基金账户的各类投资者，都可以购买2009年地方政府债券。

(3) 使用范围

国务院明确规定，地方政府债券资金主要安排用于中央投资地方的公益性项目配套资金，及其他难以吸引社会投资的公益性建设项目，严禁用于能够通过市场化行为筹资的投资项目，严禁用于经常性支出和楼堂馆所建设。具体包括：

a. 保障性安居工程。包括廉租住房建设，国有林区、垦区、煤矿棚户区改造工程，少数民族地区游牧民定居工程，农村危房改造扩大试点工程。

b. 农村民生工程和农村基础设施。包括农村沼气工程、农村饮水安全工程、农村公路建设改造工程、农村电网完善工程、农村邮政工程、病险水库除险加固工程、灌区节水改造工程、优质粮食工程、动植物防疫体系、农产品质量安全检验检疫体系、粮油储存设施和粮食烘干设备、扶贫和以工代赈。

c. 医疗卫生、教育、文化等社会事业基础设施。包括基层医疗卫生服务体系、计划生育服务体系和重点中医院的建设，中西部农村初中校舍改造，中等职业教育和特殊教育发展，乡镇综合文化站建设。

d. 生态建设工程。包括污水、垃圾处理设施，污水管网和重点流域水污染防治工程建设，重点防护林工程，天然林资源保护工程，重点流域工业污染治理工程。

e. 地震灾区恢复重建。

f. 其他涉及民生的项目。

(4) 还本付息流程

地方政府应当于规定时间将还本付息资金足额纳入中央财政专户，财政部按照有关规定代为办理地方政府的还本付息。具体流程如下：

a. 国债公司于还本付息日的11个工作日前通知财政部还本付息信息。

b. 财政部应当于还本付息日的10个工作日前通知地方财政还本付息信息。

c. 地方财政部门应当于还本付息日的5个工作日前将还本付息资金缴入中央财政专户，并通知财政部相关信息。

d. 财政部应当与还本付息日的2个工作日前将还本付息资金支付至国债公司账户。国债公司应当于还本付息日前第二个工作日日终前将证券交易所市场还本付息资金支付至中国证券登记结算公司账户。国债公司、中国证券登记结算公司应当于还本付息日将还本付息资金支付至各国债持有人账户。

e. 地方政府部门未按时足额向中央财政专户缴入还本付息资金的，财政部采取中央财政垫付方式代为办理地方政府债券还本付息。



**法规1　2009年3月19日财政部印发《2009年地方债券预算管理办法》**

**第一条**　为实施好积极的财政政策，增强地方安排配套资金和扩大政府投资的能力，根据国务院有关规定，制定本办法。

**第二条**　本办法所称地方政府债券，是指经国务院批准同意，以省、自治区、直辖市和计划单列市政府为发行和偿还主体，由财政部代理发行并代办还本付息和支付发行费的2009年地方政府债券。

**第三条**　地方政府债券收入可以用于省级（包括计划单列市，下同）直接支出，也可以转贷市、县级政府使用。

**第四条**　地方政府债券收支实行预算管理。地方政府债券收入全额纳入省级财政预算管理，市、县级政府使用债券收入的，由省级财政转贷，纳入市、县级财政预算。地方政府债券收入安排的支出纳入地方各级财政预算管理。

用地方政府债券发行收入安排支出的部门和单位，要将支出纳入部门预算和单位预算，严格按照预算制度管理。

**第五条** 地方政府债券收入根据省级政府报请国务院批准同意的额度编制。市、县级财政根据省级财政核准的转贷额度编列地方政府债券转贷收入。

地方政府债券支出根据各级财政使用债券收入或者债券转贷收入安排的支出编制。地方政府债券预算支出，要充分体现科学发展观的要求，积极促进经济结构调整和发展方式转变。资金主要用于中央投资地方配套的公益性建设项目及其他难以吸引社会投资的公益性建设项目支出，严格控制安排用于能够通过市场化行为筹资的投资项目，不得安排用于经常性支出。资金使用范围主要包括：保障性安居工程，农村民生工程和农村基础设施，医疗卫生、教育文化等社会事业基础设施，生态建设工程，地震灾后恢复重建以及其他涉及民生的项目建设与配套。



**第六条** 2009年度政府预算未报经本级人民代表大会审查批准的，要将本地区地方政府债券收入或者债券转贷收入和支出纳入预算，报请同级人民代表大会审查批准。2009年度政府预算已经报本级人民代表大会审查批准的，要根据地方政府债券收支计划及时编制预算调整方案，报同级人民代表大会常务委员会审查批准。

**第七条** 各级地方财政部门根据批准的预算，将债券支出批复相关部门和单位。各相关部门和单位要严格按照批复的预算，安排预算支出，实行项目管理，不得随意变更资金用途。

**第八条** 在政府收支分类科目收入分类105类“债务收入”01款“国内债务收入”（科目说明修改为“中央与地方共用收入科目”）下新增04项“财政部代理发行地方政府债券收入”，科目说明为“地方收入科目。反映财政部代理发行的2009年地方政府债券收入。”在110类“转移性收入”下新增11款“债券转贷收入”01项“转贷财政部代理发行地方政府债券收入”，科目说明为“反映下级政府收到上级政府转贷的财政部代理发行地方政府债券收入。”

在支出功能分类228类“国债事务”中新增12款“财政部代理发行地方政府债券还本”，科目说明为“反映地方政府安排的财政部代理发行2009年地方政府债券还本支出”；新增13款“财政部代理发行地方政府债券付息”，科目说明为“反映地方政府安排的财政部代理发行2009年地方政府债券付息支出”。在230类“转移性支出”新增11款“债券转贷支出”01项“转贷财政部代理发行地方政府债券支出”，科目说明为“反映上级政府对下级政府转贷的财政部代理发行地方政府债券支出。”地方政府安排财政部代理地方政府发行债券收入时，根据实际使用方向列入政府收支分类相应功能支出科目。

**第九条**　各级地方财政部门要根据预算安排、项目建设进度，及时拨付资金，监控预算执行情况，及时发现和处理预算执行中出现的问题，并做好财政总预算会计收支核算工作。

**第十条**　地方政府债券到期后，由中央财政统一代办偿还。地方财政要足额安排地方政府债券还本付息所需资金，及时向中央财政上缴地方政府债券本息、发行费等资金。如果届时还本确实存在困难，经批准，到期后可按一定比例发行1–5年期新债券，分年全部归还。对于未按时上缴的，中央财政根据逾期情况计算罚息，并在办理中央与地方财政结算时如数扣缴。

**第十一条**　财政部门要加强对地方政府债券收支的管理和监督，建立和完善债务项目申报、审批、绩效考评和监督等制度，提高资金管理的科学化、精细化水平，不得挤占、截留和挪用债务资金。

**第十二条**　本办法自公布之日起执行。

## 专栏5　2009年部分省市发行地方政府债券的情况

**2009年陕西省地方政府债券**

2009年4月29日，财政部根据陕西省报送的发行计划，以竞争性招标的方式顺利完成了陕西省2009年地方政府债券第一批发行的招标工作。

第一批63亿元地方政府债券资金分配使用坚持3个原则：一是重点安排中央投资地方配套的公益性建设项目、地震灾后恢复重建和涉及民生的重大建设项目。二是地方政府债券资金在省市县之间的分配，要充分考虑各级政府的财力及偿债能力，确保债券按期还本付息。三是合理安排债券发行进度，尽量减少利息损失。

按照国务院和财政部要求，陕西省确定2009年地方政府债券资金用于三个方面：一是安排中央投资的地方配套38亿元。主要用于廉租房项目，农村民生工程和农村基础设施，医疗卫生、教育文化等社会事业基础设施，以及节能减排和生态建设工程等。二是安排36个一般受灾县地震灾后恢复重建15亿元。三是安排涉及民生的重点项目建设资金10亿元。

在陕西省2009年地方政府债券资金安排中，省级承担36.76亿元，转贷市县26.24亿元。在省级承担的债券资金中，除省级安排直接投入重点建设项目的资金10亿元外，其余将全部分配市县使用，市县实际使用债券资金达53亿元，占陕西省全部债券额度的84%。

**2009年福建省地方政府债券**

按照国务院、财政部的规定，福建省对于核定的26亿元债券资金，一方面安排用于弥补中央新增投资项目市县政府配套资金缺口等支出13.01亿元，主要用于保障性安居工程、农村民生工程和农村基础设施以及教育、卫生等社会事业发展项目；另一方面集中剩余的12.99亿元，全部用于城市污水管网建设支出，主要用于已建和新建污水处理厂的配套管网建设。污水管网建设具体安排 63 个项目，其中，新建项目 43 个，预计可增加处理污水能力 72 万吨/日，污水处理厂负荷率可达 65%以上；已建项目 20 个，负荷率可从 44%提高到 75%。据测算，经此安排后，基本可解决福建省“十一五”期间污水处理设施建设问题；预计全年可削减 COD（化学需氧量）4.7 万吨。

# 第七章　项目融资

项目融资（Project Finance）是指以项目的资产、预期收益或权益作抵押，取得的一种无追索权或有限追索权的融资活动。

在项目融资中，公共项目融资占有相当大的比例。在这类项目中，通常是由政府部门或其代理机构作为发起人，通过项目未来产生现金流的能力作为信用基础吸引私人资本投入，较为代表性的融资模式有 BOT、PPP 和 TOT 等。



## 1. BOT 融资模式

BOT（Build—Operate—Transfer）即建造—运营—移交方式，指政府将一个公共项目的特许经营权授予投资商，由投资商在特许权期内负责项目设计、投资、建设、运营，并回收成本、偿还债务、赚取利润，在特许权期结束后再将项目所有权移交给政府。

在这种方式下，政府机构与投资商之间形成一种“伙伴关系”，本着市场化和互惠互利原则，由投资商投入资金和技术资源，承担项目风险，并获取项目收益。而政府则可以推进公共项目建设，并减少财政负担。

国际上公认的第一个 BOT 项目是 80 年代初土耳其建设的火力发电厂，随后土耳其又相继利用 BOT 模式建设了机场和博斯普鲁斯第二大桥。然而，真正使 BOT 模式受到广泛关注的项目是菲律宾的诺瓦斯（NOVATAST）发电厂项目。从那以后，BOT 融资模式作为一种重要的公共项目融资模式开始在国际上流行起来。

目前，BOT 融资模式已被广泛的应用在各国的公共建设工程中。横贯英法之间的欧洲隧道、英国曼彻斯特市的轻轨捷运项目、澳大利亚的悉尼港口隧道、菲律宾的 PAGBILAO 电站工程、马来西亚的南北高速公路、我国的九龙香港东部海底隧道工程及九龙新界隧道项目等都是采用 BOT 融资。BOT 融资模式作为国际公共项目优先选用的融资结构，越来越受到广泛的欢迎。

(1) BOT 的结构

一个 BOT 项目通常由项目发起人、项目投资方、项目主体和贷款银行四方组成。其中：

a. 项目发起人

项目发起人通常是项目所在城市的政府或相关公共部门。项目发起人根据当地经济社会发展的需要，提出项目的总体建设规划，然后通过 BOT 方式，将项目的建设和经营权委托给适合的企业。

在 BOT 授权期内，项目发起人通常不参与项目经营，而是通过给予项目特许经营权和一定数额的从属性贷款或贷款担保，作为对项目建设的支持。在特许经营期结束后，项目的发起人通常无偿地获得项目的所有权和经营权。

b. 项目投资方

项目发起人在确定 BOT 项目后，需要通过公开招标的方式，选择有意向并且有实力的私人部门，投入项目的建设和运营，这里的私人部门就是项目投资方。

项目投资方的一个重要责任是为项目建设提供足够的资金支持。这其中包括符合项目要求的股本出资和一定数量的备用资金，并且在建设资金不足时能及时垫付，以避免项目建设中途停工或工期延误。

对于一些较为复杂的项目，除了资金保障外，还要求一定的技术支持，比如建设方案设计、环保技术应用和经营管理方案等，因此具有专业经验是对项目投资方的另一个重要要求。对于超大型项目，还会由具有不同经验背景和资金背景的投资方共同组成联合竞标体，共同参与项目的建设和经营。

c. 项目公司

投资方在项目中标后，通常会设立独立的项目公司，专门负责项目的建设和经营，以便明确项目的资产债务结构，并进行独立的经营核算。项目公司是行使项目特许经营权，从事项目开发经营，享有项目资产权益，承担项目债务关系等所有法律关系的唯一主体。

项目公司主要有中标的投资方出资设立，也可能邀请一些具有较强技术实力和经营实力的公司以及金融性投资者参加。

d. 贷款银行

在项目公司的资本金落实到位后，项目公司通常还需要申请一部分银行贷款。



BOT的贷款组成较为复杂，除了由商业银行（或银团）贷款外，还可能包括政府的出口信贷机构和世界银行或地区性开发银行的政策性贷款。贷款的基本条件虽然主要取决于项目本身的经济指标和项目经营者的资金实力，但很大程度上也受到项目发起人和所在国政府的态度影响。因此项目发起人对项目的评价和支持力度，以及特许权协议的具体内容都是非常重要的。

在一部分项目中，项目发起人会作出购买承诺，即承诺在项目建成后，保证每年购买一定数量的产品和服务。在部分项目中，项目发起人也会提供低息贷款和一部分的担保责任。除了上述担保责任和购买义务外，BOT 模式下的贷款基本都是无追索权或有限追索权的融资，即贷款仅能依靠项目的资产和权益进行抵押，以项目的现金流来偿还，项目风险完全由项目公司承担，贷款银行无权再向项目主办方或发起人进行债务追索。

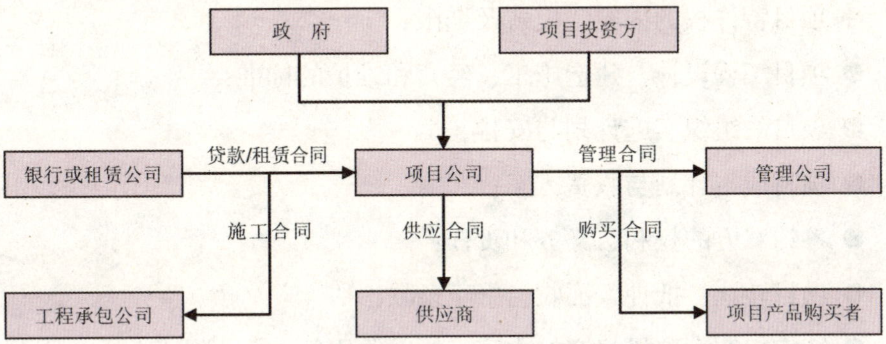


**图 7 BOT 项目融资模式结构图**

(2) BOT 的法律关系

BOT 模式的参与方众多，各个参与方在 BOT 项目中的地位、权利及承担的义务都要通过一系列的法律合同加以明确。

a. 特许权协议

BOT 特许权协议，是政府（或代表政府的授权机构）与项目公司签订的契约合同，合同授权项目公司在特许经营期内，建设并经营政府专属的公共市政基础设施，并获得合理收益，在特许期满后将项目无偿移交给政府。特许权协议是整个 BOT 合同体系的核心与基础，随后的融资协议、工程承包合同、运营和维护协议、供应协议等诸多合同都是在特许权协议的基础上签订的。

在实务操作中，特许权协议通常会分两个阶段签订：第一个阶段是“特许权协议草案”，它是在项目公司成立之前，由政府和项目投资方签订的。它主要是明确授权关系以及一些原则性的规定，是个相对框架性的文件，而且项目投资方也并不是特许权的享有者和实施者；第二个层次是“正式特许权协议”，由政府与项目公司签订。它内容完备，双方当事人是真正的特许权执行人。

目前中国法律对特许协议的形式和内容并没有明确要求，在实务操作中比较灵活。但是一般都至少包括以下条款：

- 特许权协议签约各方的法定名称及住所；

- 项目特许权的内容、模式及期限；
- 项目工程设计、建造施工、经营和维护的标准；
- 项目的组织实施计划与安排；
- 项目成本计划与收费方案；
- 签约双方的权利、义务和责任；
- 项目转让、抵押、征收、中止条款；
- 特许权期满项目移交的内容、标准及程序；
- 罚责与仲裁。

b. 股东协议

BOT项目投资额巨大，风险高，因此BOT项目经常由两个或两个以上的投资人共同投资成立项目公司。股东协议就是明确规定投资者之间的具体权利义务，投资合同的具体条款视项目大小、性质、和双方的合作关系而定。



c. 贷款协议

项目公司的资本金一般占总投资额的10%—30%，具体视项目要求和当地具体规定而定，其余资金则来源于项目贷款。

项目贷款协议由项目公司与贷款人签订。一般采用的是无追索权或有限追索权的贷款方式，即贷款人向某一特许工程提供贷款，以该项目的资产和权益作为抵押，以项目的预期性收益作为还款来源，而无权向项目公司股东和项目发起人追偿。为了保证贷款的安全性，贷款人往往要求项目公司股东或当地政府提供某种形式的担保承诺。

d. 工程承包合同

项目公司一般只作为融资中介和项目管理者而存在，本身也许不具备自行设计、采购和建设的能力。即使具备相关能力，项目公司也会为了分散或转移风险，而寻找合适的工程承包商进行工程建设。项目公司可以就工程的设计、采购、建设与一家工程承包商签订固定价格的交钥匙工程承包合同，也可以将工程的不同部分分包给不同的承包商。承包商可以是项目公司的股东，也可以是东道国的建筑公司或其他具备技术力量和建造实力的建筑公司。工程承包商一般需要提供履约担保，以保证工程项目按照预定的工期、成本和质量完工。

e. 运营和维护协议

如果项目公司本身具备足够的项目经营管理能力，则可由项目公司自行负责项目的运营。若项目公司不具备相关经验，或者为了分散风险，也可将项目交给专业的经营管理公司负责经营管理。在这种情况下，项目公司必须与运营承包商签订详尽的运营和维护协议，具体规定运营期间的运营管理范围、设备维护标准、保底收益等。运营商可能是项目公司的股东，也可以是其他专业运营商。运营商可自行履行其义务，也可将权利和义务再分包出去。

在 BOT 模式中，除上述合同外，还有原材料供应合同、产品或服务购买合同、保险合同、工程咨询合同、财务咨询合同、法律咨询合同、工程分包合同等诸多法律文件，共同构成 BOT 运转的法律框架。



(3) BOT 的实施程序

BOT 项目的实施程序主要包括：立项阶段，招标准备阶段，招投标阶段，合同谈判与正式签约阶段，建设阶段，运营阶段和移交阶段。

a. 立项阶段

BOT 项目立项主要是确定项目建设的必要性，并对项目的立项进行初步审批。

与传统的政府自建项目不同，BOT 项目在这一阶段的主要目标是研究确定项目的设计规模和需要实现的目标，只需要勾画出项目在规模、技术、经济等方面的轮廓，而不需要确定详细的技术方案和实施方案，也不需要计算准确的投资额和投资收益水平。一个优秀的立项方案应该鼓励潜在的项目投资人发挥各自的技术和经验优势，在项目构想和设计方面提出新的观点。

此外，立项方案应该明确是否允许投资人获得合理的投资回报，和投资回报的大致水平，这关系到项目能否成功采用 BOT 方式，是这一阶段必须确定的原则性问题之一。

一般情况下，政府会聘请专业的咨询公司或者设计院进行预可行性研究，提出项目的技术要求。

在确定立项方案后，计划管理部门需要对《项目建议书》或《预可行性研究报告》进行同意建设的批复，立项批复的审批文件是后续招标的依据。一般来说，外资 BOT 项目需要得到国家发改委的审批，内资 BOT 项目可以由地方政府审批。

在发起人无法具体确定项目的总体规划方案时，计划管理部门也可仅就“同意项目融资招标”作出批复，邀请投标方共同参与项目方案的设计。

b. 招标准备阶段

项目立项工作完成后，即可着手准备招标工作，主要内容包括以下几个方面：



- 成立招标委员会和招标办公室，并聘请招投标过程中涉及的专业中介机构，包括投融资咨询公司、律师事务所和设计院等；
- 就项目的技术问题进行研究，并明确项目的技术要求；
- 设计项目结构，落实项目条件；
- 准备资格预审文件，制定资格预审标准；
- 准备招标文件、特许权协议、制定评标标准。

c. 招投标阶段

投标阶段通常包括：资格预审、投标和评标三个步骤。

资格预审是为了保证投标人的质量，适度缩小投标人的数量，在确保充分竞争的前提下，减少招标评标的工作量。因此通过资格预审的投标人数量不宜过多，一般为 3—5 家比较合适。

招标方应尽可能广泛的发布招标公告，以确保潜在的投标人都能了解到招标信息。投标人在了解到招标信息后，需要首先提交资格申请文件，介绍自身的技术力量、工程经验、财务状况、履约记录等情况。招标委员会组织资格预审专家组，对参加的投标人进行资格评审，并向通过资格预审的投标人发出投标邀请书。

在获得招标方的投标邀请后，投标者应按照招标文件的要求，提出详细的建议书 (即投标书)。标书通常涉及的关键问题包括：

● 设施的类型及所提供的产品或服务的性能或水平；

● 建设进度安排及目标竣工日期；

● 产品的价格或服务费用；

● 价格调整公式或调整原则；

● 履约标准 (产品的数量和质量、资产寿命等)；

● 投资回报预测和所建议的融资结构与资金来源；

● 维修和维护计划 (这对于 BOT 项目尤其重要，因为项目的所有权必须在寿命中期移交给政府)；

● 风险分析与分配。

在准备标书阶段，投标人可就标书中的有关内容向招标人提出疑问。招标人应该以标前答疑会等形式进行解答，并将解答内容以书面形式正式通知所有参与投标的投资人。为使投标人对项目所处的环境有更加清晰和深入的了解，招标人还会组织现场考察。

投标截止后，招标委员会将组建评标委员会，按照招标文件中规定的评标标准对投标人提交的标书进行评审。由于评标方法将显著地影响到最终的评标结果，因此，评标标准必须在招标文件中做出明确陈述，并且一般不允许更改。

d. 合同谈判与正式签约阶段

决标后，招标委员会应邀请中标者与政府进行特许权合同的谈判。由于项目投资规模大、建设运营周期长、并且涉及一系列的操作主体和众多的不确定因素，因此合同谈判过程非常复杂，谈判时间也比较长。谈判的结果既要保证项目的质量和进度，又要保证投资方的实施可行性和合理利润。

如果政府与排名第一的中标候选人不能达成协议，政府可能会转而与排名第二的中标候选人进行谈判，以此类推。

谈判结束并草签特许权协议后，中标人应着手组建项目公司，由项目公司与政府正式签署特许权协议。与此同时，项目公司应着手起草并报批正式的可行性研究报告，并向银行申请贷款。

e. 建设阶段

项目公司提出的可行性研究报告获批后，项目进入建设阶段。项目公司根据特许权协议的规定，按照技术和工期以及质量方面的要求，负责项目的设计、施工等工作。项目的建设可以由项目公司自己承担，也可以承包给工程承包商。

f. 运营阶段

项目工程通过竣工验收后，开发阶段结束，项目进入实际运营阶段。项目公司可以自己运营，也可以委托专门的运营公司运营。项目的运营和维护直接关系到项目的经济表现，要求运营商必须有丰富的经验和良好的业绩，有较强的商业和合同管理能力，具有较强的专业技术力量。我国的大型项目通常要聘请有经验的外国运营商承担项目的运营，经过一段时间后才逐步过渡给本地人员。为了确保项目的运营和维护按照协议规定进行，政府，投资人和贷款人都有权对项目进行随时的监督和检查。



g. 移交阶段

特许期届满后，项目公司必须按照特许权协议中规定的项目质量标准和资产完好程度等，将项目的资产和经营管理权全部移交给政府。项目的移交阶段包括资产评估，利润分红，债务清偿，纠纷仲裁等等。

一般而言，合理的 BOT 项目应能使私人投资机构在特许期间还清债务并能有一定利润。这样，项目最后移交给政府时是真正的无偿移交。

如果由于某些不可控因素影响，使项目没有达到预期的利润，则特许期可以按照特许协议的规定适当延长；当然，如果项目比预期提早实现利润，移交日期也可以提前。这就需要双方在签订特许权协议的时候仔细考虑有关细节，权衡项目的风险，制定一些合理的调整条款。

在移交时，政府应注意项目是否处于良好状态，以保证项目能够继续运营并提供合格的产品或服务。项目移交之后，政府可以直接将项目交给专门负责 BOT 项目运营工作的政府部门，也可以再次通过招标方式选择新的运营商。

(4) BOT 的衍生模式

BOT 模式经过不断的实践和发展，在其基本形式的基础上衍生出了多种变通形式，主要有以下几种：

BOT（Build—Operate—Transfer），建设—经营—转让。这是 BOT 融资模式的基本形式。

BOOT（Build—Own—Operate—Transfer），建设—拥有—经营—转让。特征是投资方在项目建成后拥有项目资产的所有权，这有利于改善其在项目经营期内的资产负债结构。

BOO（Build—Own—Operate），建设—拥有—经营。投资方根据政府赋予的特许权，建设完毕后，拥有并运营某公共项目，但并不将此公共项目移交给公共部门。

BTO（Build—Transfer—Operate），建设—转让—经营。对于关系到国家安全的产业，如通信业，为了保证国家信息的安全性，项目建成后并不交由外国投资者经营，而是将经营权转让给东道国政府，由东道国经营，或与项目开发商共同经营。

BT（Build—Transfer），建设—转让。发展商在项目建成后即将项目资产以一定的价格转让给政府，由政府负责项目的运营和管理。这种情况通常适用于技术和建设管理水平较高的项目，而政府必须借助专业的发展商进行项目开发建设，并且有充分的财力在项目建成后就进行回购。

BOOST（Build—Own—Operate—Subsidy—Transfer），建设—拥有—经营—补贴—转让。发展商在项目建成后，在授权期限内直接拥有项目资产，经营管理项目，但由于可能存在相当的风险或经济效益不佳，政府可以提供一定的补贴，发展商在授权期满后将项目的资产转让给政府。

FBOOT（Finance—Build—Own—Operate—Transfer），融资—建设—拥有—

经营—转让。这种模式类似于BOOT模式，只是多了一个融资环节，也就是说只有先融到资金，政府才予以考虑是否授予特许经营权。

DBFO（Design—Build—Finance—Operate），发起—建设—融资—经营。这种模式是从项目发起设立开始就特许给某一私人部门进行，并由私人部门负责融资建设和持续经营。该模式通常适用于项目的早期规划设计就具有相当的专业技术难度，需要私人部门从头参与项目的需求设计和总体规划。

BLT（Build—Lease—Transfer），建设—租赁—转让。发展商在项目建成后，将项目以一定的租金出租给政府，由政府经营。授权期满后，将项目资产转让给政府。

### 2. PPP融资模式



PPP（Private—Public—Partnership），也称作公私合作关系，是指由公共部门和私人部门合作参与公共项目建设。公私合作关系是一个非常广泛的概念，在公共项目的融资、规划、建设、营运、维修等各个环节都可能出现公私合作关系。而我们通常提到的PPP项目，是指在项目建设和运营的全过程中，公共部门和私人部门自始自终都保持着积极参与和密切合作的关系。

在PPP模式下，由于公私双方的合作环节较多，而且每个项目的具体情况也大相径庭，因此PPP合作关系并不存在一个固定的模式。通常而言，在项目建设和经营的不同环节，合作双方会基于自身的优势和资源，进行明确的分工和合作。

比如，在项目规划阶段，政府部门主要考虑满足公共需求，而私人部门则充分考虑项目的技术性和经济性；在项目融资阶段，政府部门可以投入财政资金并对项目建设提供担保，而私人部门主要投入自有资金，并进行多元化的融资；在项目的设计和建设阶段中，双方共同组织招投标，政府部门主要关注规划的落实并保障公共利益的实现，而私人部门则重点关注实施方案的技术性和经济性；在运营阶段，政府部门仍然主要考虑维护公共利益，同时关注设施的维护情况，私人部门则更关注项目的运营效率。在收益分配上，则优先保证私人部门的投资能够收回，并获取合理的利润，而政府也可以在保证公共利益和私人部门收回投资的前提下，收回一部分投资。

可见，PPP 模式的显著特点在于，公共部门和私营部门通过重新整合，组成战略联盟，共同参与公共的建设和运营，形成互利的长期目标，更好的为社会和公众提供公共产品和服务。在此过程中，私营部门的优势，如资金、先进的技术、管理经验以及企业精神等，可以与公共部门的社会责任充分结合，更有效的进行项目建设并提供公共服务。

和 BOT 相比，在 PPP 模式下，私营部门参与项目的前期立项、规划和可行性研究工作，有利于充分发挥私人部门的先进技术和管理经验，使项目的规划论证更加科学可行；而政府部门对项目建设和运营环节的参与，回避了公共项目完全私有化所带来的公共产权纠纷和公共利益损害；双方共同确定融资规模和融资方向可以在项目的生命周期中更好的分配风险；双方共同组织项目的实施进程，有利于降低项目建设过程中的投资风险。



可见，PPP 模式既有利于充分调动双方资源，也有利于保护公共利益，因此在世界各国的公共基础实施建设中得到了广泛的应用。

### 案例 6　PPP 在北京地铁四号线上的应用

北京地铁四号线，是我国第一个采用 PPP 项目融资模式建设并获得成功的公共项目。该项目实现了投资多元化，降低了政府投资，引入了市场竞争机制，提高了项目投资管理工作效率，取得了良好的经济效益和社会效益。

**项目背景及概况**

北京地铁四号线正线全长约 28.2 公里，项目总投资 153 亿元人民币。从项目的必要性看，目前北京地铁存在着对政府投资、补贴依赖性大，运营水平有待提高，监管需要进一步加强等一系列问题。从项目的可行性看，相关的法律、政策、制度条件不断完善，特许经营运作的客观条件已经基本具备，地铁项目市场化运作的各方面条件已经逐步成熟。

**项目融资模式分析**

北京地铁四号线项目建设期为2005年—2009年，特许经营期为运营日起30年，项目总投资约153亿元人民币。根据协议，由北京市政府和特许经营公司按照7:3的比例进行投资。项目全部建设内容划分为A、B两部分：A部分主要是征地拆迁和车站、洞体及轨道铺设等土建工程，投资额约为107亿元，占项目总投资的70%，由北京地铁四号线投资有限责任公司代表北京市政府筹资建设并拥有产权；B部分主要是车辆、自动售检票系统、通信、电梯、控制设备、供电设施等机电设备的购置和安装，投资额约为46亿元，占项目总投资的30%，由特许经营公司来负责完成。



特许经营公司由三方组成,包括：香港地铁有限公司，是香港特区政府控股的上市公司。北京首都创业集团有限公司，是直属北京市的大型国有企业。北京公共投资有限公司，是北京市国资委出资设立的国有独资有限责任公司。特许经营公司自身投入即注册资本15亿元人民币，其中，香港地铁有限公司和北京首创集团有限公司各出资7.35亿元，各占注册资本的49%；北京市公共投资有限公司出资0.3亿元，占注册资本的2%。其余31亿元将采用无追索权银行贷款，占B部分投资的2/3。

地铁四号线建成后,特许经营公司将通过与北京地铁四号线公司签订《资产租赁协议》取得A部分资产的使用权。特许经营公司负责地铁四号线的运营管理、全部设施（包话A和B两部分）的维护和除洞体外的资产更新，以及站内的商业经营，通过地铁票款收入及站内商业经营收入回收投资。特许经营期满后，特许公司将B部分项目设施无偿地移交给北京市政府，将A部分项目设施归还给四号线公司。

在北京地铁四号线PPP项目融资中，北京市政府按照《特许经营协议》

规定，在建设期内将监督北京地铁四号线公司确保土建部分按时按质完工，并监督特许经营公司进行机电设备部分的建设。四号线运营票价实行政府定价管理，采用计程票制。在特许期内，北京市政府将根据相关法律法规、本着同网同价的原则，制定并颁布四号线运营票价政策，并根据社会经济发展状况适时调整票价。运营期内按有关运营和安全标准对特许公司进行监管。在发生涉及公共安全等紧急事件时，北京市政府拥有介入权，以保护公共利益。如果特许经营公司违反《特许经营协议》规定的义务，北京市政府有权采取包括收回特许权在内的制裁措施。

**经验与借鉴**

1. 把一个地铁项目分成公益性和经营性两部分，分别采取不同的投融资方式。

根据地铁项目准公共产品的经济属性，把地铁四号线项目全部投资建设任务划分为公益性与经营性两部分，分别采取不同的投融资方式。公益性部分（即前文中的 A 部分）完全由政府负责投资建设，具体操作上是由北京地铁四号线投资有限公司代表政府出资并拥有该部分的资产所有权；建成后该部分资产以使用权出资和租赁两种方式提供给 PPP 特许经营公司使用。而经营性部分（即前文中的 B 部分）则由 PPP 特许公司投资建设并经营管理，通过科学合理的风险分配、收益调节机制的设计，建立适度市场竞争机制。项目特许期满后，PPP 特许公司无偿地将此部分项目资产移交政府。这样，通过公益性资产租赁的形式，实现了公益性资产与经营性资产在一个项目上的管理整体性。同时，政府部门通过采取针对性、契约化的监管方式，确保地铁项目的持续性、安全性、公益性。最终，通过地铁项目投资、建设、运营效率的提高，实现政府部门为市民提供的公共产品服务水平提高、企业获得合理收益的双赢。

2. 组建专门机构，代表政府投资。

为解决在现有法律法规体系下政府融资手段不足、重大建设项目资本金缺乏的问题，由北京市国资委出资依照《公司法》成立了北京市公共投资有限责任公司，作为北京市公共设施建设和发展的投资融资平台，代表政府投资。该公司是国有独资有限责任公司，属于资本运营和投融资管理型公司。主要经营范围包括：授权内国有资产的资本运营和投融资管理；产权（股权）经营；国内外融资、投资；公共设施（含轨道交通）的规划与委托建设、已建成公共的委托运营、经营管理、租赁、转让、股权出售；地下空间开发等。平台的搭建，不仅提高了政府对重大的公共项目建设的投融资能力，推动了政府投资的市场化运作，而且形成了一整套可经营性公共特许经营的新机制。公司的成立在地铁四号线项目融资过程中发挥了很大作用，公司还代表政府直接参股PPP特许经营公司。使政府对特许公司也拥有了一定的决策权和控制权，有利于维护社会公共利益。另外，专门成立北京地铁四号线投资有限公司负责四号线项目公益性部分的投资建设，并代表政府出资和履行业主职责；该公司是由北京市公共投资有限公司等五家股东依法组建，并由北京市公共投资有限公司控股的有限责任公司。



3. 按照PPP项目运作模式做好前期工作。

地铁项目前期的可行性研究、规划设计、筹备等工作扎实与否将对项目成功运作产生重要影响。前期工作做得好，不仅有利于降低项目建设投资的风险、缩短项目建设周期、降低项目运作成本、较好地保障各方的利益，而且还决定了投融资的难度和深度，前期的准备越充分，考虑得越合理，对以后的融资工作就越有利。目前，有的地铁项目中还存在一定程度的边设计、边施工、边引资现象，项目规划相对滞后；为了赶工期，没有时间或条件确定最佳投资者，造成项目只能依靠更多的政府力量去完成。此外，规划设计方案的稳定程度、详细程度对项目市场化运作的影响极大，如设计方案不稳定，就可能导致一系列问题的出现，项目投资可能因此大幅增加，项目建设将出现难以克服的困难。因此，要成功实施PPP特许经营项目，从项目的提出、规划、可行性研究到投资者确定、开工建设等各个环节都要保持一致性和前瞻性，充分做好各方面的前期工作。

4. 政府的有力支持和有效监管。

在PPP模式中，公共私人合作双方的角色和责任会随项目的不同而有所差异，但政府的总体角色和责任——为大众提供最优质的公共设施和服务——却是始终不变的。PPP模式是提供公共设施或服务的一种比较有效的方式，但并不是对政府有效治理和决策的替代。在任何情况下，政府均应从保护和促进公共利益的立场出发，负责项目的总体策划，组织招标，理顺各参与机构之间的权限和关系，降低项目总体风险等。

良好监管框架的形成和监管能力的执行，是一个项目得以完成以及未来顺利运营的关键。政府监管必须能够保证企业生产或运营的可持续性，让接受监管的企业得到合理的收益。政府监管必须确定一种承诺机制，以保证企业资产的安全性，降低企业融资成本，并给企业提供投资的激励。政府监管不力将会带来各种各样的风险，监管效率成为政府监管的最重要目标。

另外，完善法律法规，建立健全投融中介服务体系，不断培育和完善投资者市场等都是我们从这次成功的PPP项目融资中所获得的宝贵经验。



### 3. TOT融资模式

TOT (Transfer—Operate—Transfer)，即转让—运营—转让方式，是指通过出售已建成项目在一定期限内的现金流量,从而获得资金以建设新项目的一种融资方式。具体说来，就是指地方政府把已经投产运行的项目在一定期限内移交给投资者经营，以项目在该期限内的现金流量为交换，一次性地从投资者那里融得一笔资金，用于建设新的项目，投资者经营期满后，再把原来的项目移交回地方政府。通过这种方式引进了资金，既保证新项目及时启动，又能将投资者与新建项目割裂开来。

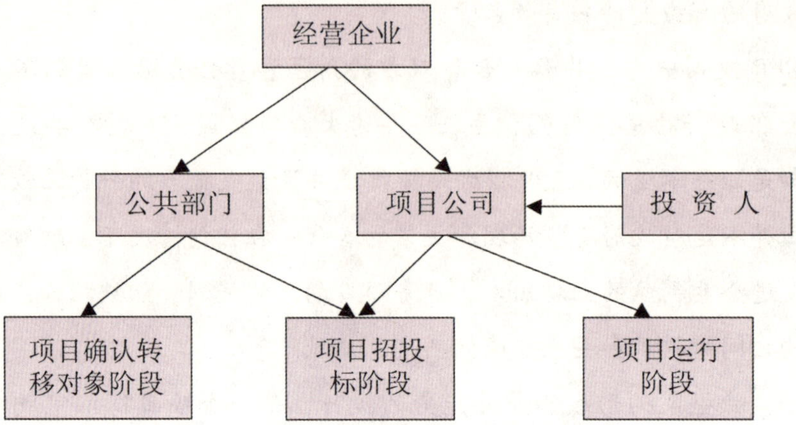


**图 8　TOT 融资模式项目结构**

（1）TOT 的特点



a. TOT 融资方式只涉及已建公共项目经营权的转让，不存在资产权利的让渡，可以避免不必要的纠纷，回避了国有资产流失问题，保证了政府对公共设施的控制权，将开放公共建设市场与开放公共经营市场分割开来，使得问题简单化。

b. TOT 融资方式减少了政府的财政压力，促进了投资体制的转变。政府可以通过 TOT 方式盘活已有存量资产，并获得大量资金用于建设更多的公共项目，实际上也起到吸引私人资本参与公共项目投资的结果，减轻用于公共投资的预算压力。

c. TOT 模式有利于提高公共设施的运营管理效率，提高项目产品质量，实现国有资产保值增值。私人资本出于利润考虑，在管理和运营效率方面通常会高于公共部门。因此，私人资本在运营管理期内的工作和成效有助于提升项目的满意度和未来经营的经济预期。

d. TOT 模式风险小，项目融资成功率高。由于 TOT 方式一般不涉及项目建设过程，而是直接转让建成设施的经营权，避免了 BOT 方式等在建设过程中的各种风险，又能尽快取得收益，因此容易被私人资本接受，融资成功率大大增加。

e. 项目成本和项目产品价格相对较低。一方面，由于 TOT 方式下投资风险大幅降低，投资者预期收益率会合理下调；另一方面，由于流程涉及环节较少，新建项目建设和营运时间大大提前，评估、谈判等方面的从属费用也势必降低。因此，私人部门在运营项目的过程中会接受以较低的价格提供服务。

f. 受体制因素制约较少，便于吸引外资。在我国，TOT 方式无需特别的立法，现行关于外资的法律法规就能解决 TOT 方式中遇到的大部分问题。TOT 融资方式也不受制于人民币完全可自由兑换，不需要投融资体制改革取得很大进展，在目前市场经济体制还未完全完善之时，TOT 融资方式同样具有很强的可操作性。



(2) TOT 的实施程序

TOT 程序中，对建成项目的经营权出让通常需要经过四个主要步骤：

a. 拟定转让方案并报批

采用 TOT 方式转让国有资产经营权时，转让方必须首先根据国家有关规定，编制项目建议书，在征求行业主管部门 (或原投资部门) 的意见后，按照现行的有关规定，上报有权审批部门批准。

项目建议书中主要说明项目概况、转让目的、出让方、转让内容、期限、转让后的经营方式、转让所得的初步投向、债务偿还初步方案、资产预评估结果、转让对经济、社会等方面的影响分析以及拟采取的选择受让方的方式等内容。

b. 受让方招投标

按照国家规定，须采用招标方式选择 TOT 项目的受让方，其程序与 BOT 方式大体相同，包括招标准备、准备投标文件、资格预审、评标等环节。其中需要注意的问题包括:

● 转让方必须首先取得合法的转让权。国有企业法人对其占有的国有资产只有使用权、经营权等权益，并且一般无权出让，地方政府和其他相关部门也只能行使行政管理职能。国有企业要具备权益出让的合法性，就必须获得国有资产管理部门的授权和批准。

● 经营权出让过程中，也涉及原有企业改制的问题，包括过往债务如何处理、人员如何安排、离退休和企业办社会等历史包袱如何解决等问题。因此，在经营权转让前必须对这些问题进行深入研究，并形成基本可行的方案，保证转让过程的平稳安定。

● 需要进行国有资产评估。利用 TOT 模式，受让方需要买断某项资产的经营权，根据我国现行的国有资产管理规定，对国有资产经营权的转让，也需要进行资产评估，尤其需要对经营权的合理价值进行评估。估价过低，会造成国有资产流失；估价过高，则会影响受让方的积极性。因此，应该聘请专业的资产评估机构，而且在评估时最好与转让方及时沟通，尽可能在形成正式评估报告之前就评估价格达成一致意见。评估的结果应该报请国有资产管理部门审核批准。



● 潜在投标人要求进行尽职调查。投标人在编制标书期间，为了尽可能降低投资风险，同时保证建议的投标价格具有竞争力，一般会要求对转让资产进行全面调查，包括现有经营状况、转让权益涉及的法律情况、员工状况、技术装备水平等。转让方应组织投标人对项目进行现场考查，并向投标人提供项目的有关资料。

● 双方必须有一致的战略目标。在 TOT 模式下，投资人可能完全买断资产的经营权、也可能只是部分买断资产经营权，同时转让方可能要求以现有资产的一部分与投资人进行合作或者合资，共同经营管理现有资产。这种情况下，双方往往是在一个整体的战略构架基础上进行资产权利的转让。因此，只有坚持平等互利的原则，转让方和受让方具有一致的战略目标和共同的经营理念，合作才能取得成功。

● 招标标的可以是权益转让价格，也可以是产品价格。公共 BOT 项目招标的标的一般为产品或服务的价格，如净水厂 BOT 项目的标的为净水价格，污水处理厂 BOT 项目的标的为污水处理服务价格，垃圾处理厂 BOT 项目的标的为垃圾处理服务价格。TOT 项目招标标的的选择则具有一定灵活性，可以是权益转让的价格，也可以是项目产品或者项目运营服务的价格，或者综合两者进行考虑。

如果项目产品的价格是既定的，不允许受让方进行改变，招标标的只能是基于评估结果之上的经营权转让价格。如果转让方希望一次性获得的资金是确定的，那么招标标的就是项目产品或者服务价格。

● 项目收回问题。在转让期满后，资产应该无债务、不设定担保、设施状况完好地移交给政府机构。关于经营期的调整，经营期结束后投资方的补偿等问题都需要在招投标过程中明确。



c. 确定转让方案并审批

经过招标初步选定受让方后，发起人还要编制可行性研究报告（或资产权益转让方案）并上报审批部门批准。可行性研究报告（或资产权益转让方案）中必须说明以下内容：受让方选择情况及选择结果、转让内容、价格、期限、提供的经营条件、转让后的经营方式、权利及义务的分享分担、债务偿还方案、转让收入使用方案、经济社会效益分析、国有资产保值增值分析以及财务分析等。

中标者可以着手组建项目公司，并与项目原持有人签订授权协议，向项目原持有人支付资金。

d. 设施移交

转让期届满，设施应在无债务、未设定担保、状况完好的情况下移交给原转让方。

TOT 项目融资的具体流程如图 9 所示：

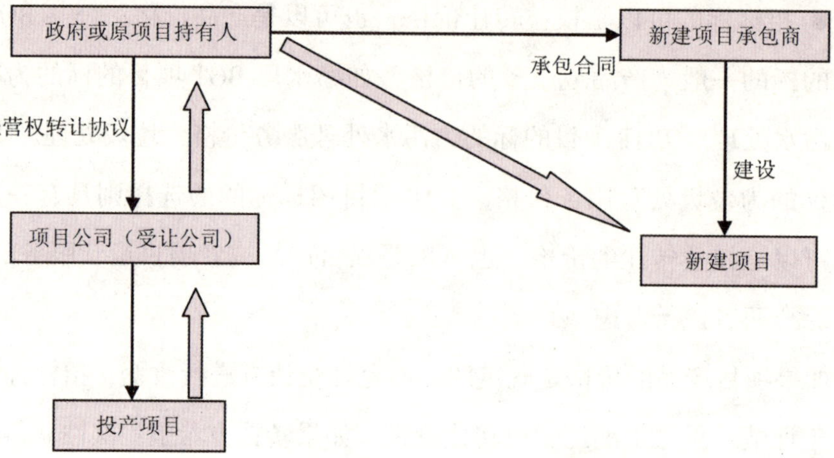


图 9　TOT 项目运作程序（粗箭头表示资金流向）

### 4. BOT、PPP 和 TOT 的比较



（1）融资结构比较

从融资结构分析，BOT 和 PPP 模式的参与方较多，其间涉及大量的协议和商业合同，并且由于是新建项目，因此在各种双边关系中还有大量的不确定因素，这无疑增加了模式的复杂性。而 TOT 模式中，由于项目的建设已完成，仅通过项目经营权或所有权移交来完成融资，更类似于贸易关系，因此结构简单、准备工作较少。

从融资各方的合作关系来看，BOT 和 PPP 模式又存在较大的差别。BOT 模式中，公共部门和私人企业之间是属于委托代理关系，导致双方之间存在着利益冲突。而 PPP 模式中，合作双方形成以“双赢”或“多赢”为理念的合作形式，可以达到比预期单独行动更为有利的结果，其特点就是建立了相互协调关系，尽量减少利益冲突。

（2）运作程序比较

BOT、PPP 和 TOT 三种模式都存在项目立项、选择合作伙伴、组建项目公司、项目实施和项目移交等环节，其基本程序大体相同。

三者的本质区别在于，BOT 和 PPP 模式主要基于新建项目的建设，而 TOT 模式主要基于建成项目的运营。这也导致不同模式的前期工作存在较大差异。比如 BOT 模式在前期准备工作中，主要是确定项目的建造要求，进而对投资商进行招标；PPP 模式则主要是明确公私部门之间的合作范围和合作深度，进而选择适合的合作伙伴；而 TOT 模式则主要针对项目的转让手续进行准备和完善。

(3) 风险比较

在一定程度上，三种模式都是将公共项目中政府承担风险部分转移给了投资商，但是三者之间的风险分担机制不尽相同。

在 BOT 模式下，项目建设和经营的主要风险都由投资方承担，政府承担的风险相对较少。因此，BOT 项目的投资方通常对项目风险的顾虑很大，会希望在特许经营期、收费标准及其他政策方面争取尽可能的大的空间，以覆盖项目实施过程中可能出现的不确定风险，这也造成 BOT 项目的谈判和合作过程异常艰难。

PPP 模式的风险分配机制兼具公平和效率。公私合作双方基于各自条件与优势进行分工合作，把风险分配给最有能力的参与方，这样能有效的降低项目的总体风险，并降低各自防范风险的成本。

TOT 模式由于是交易建成项目的经营权，而避免了项目的建设过程，因此对于投资商而言，风险被大大降低。但是这也意味着政府部门需要承担项目建设期的主要风险，因此，在 BOT 模式下由投资商获得的风险收益，在 TOT 模式中需要由投资商支付给政府，而投资商相应的投资利润率会降低。

(4) 政府监管比较

在传统的城市公共项目中，政府的角色是所有者和管理者，私人企业是被管理者。采用项目融资后，由于涉及到资产权益（包括资产的所有权、经营权、使用权、收益权等）的变更，政府的监管方式也随之发生变化。

BOT 项目的经营权在特许期限内属于项目公司，政府在此期间只拥有对项目的监督权，基本上失去了对项目的控制权。TOT项目在这一点上和BOT项目类似。

而PPP项目中，参与双方形成深入的合作关系，当双方的利益诉求出现差异时，可以用协调取代指令，有利于提高监管效率。

项目融资模式为公共建设的资金短缺难题提供了有效的解决方案，受到了各国政府的青睐。尤其对我国而言，公共建设的落后严重影响着我国经济社会的健康、快速和可持续发展，项目融资模式既解决了公共建设的资金难题，又为私人资本投资提供了低风险的投资对象。相信随着我国进一步加大对公共项目的投资，项目融资在我国必将会有更大的发展空间和发展前景。

# 第八章　资产证券化

资产证券化（Asset Backed Securitization，即 ABS）是指将缺乏流动性，但具有可预期的稳定现金流的资产集中起来，通过结构性重组，以产生的现金流为支撑在资本市场上发行可以流通的证券，从而实现资金融通的技术和过程。

## 1. 资产证券化的概念

从广义上讲，凡是以资产为支持，利用在公开资本市场发行证券进行融资的行为都称为资产证券化。

资产证券化的本质是对资产未来所产生的现金流的分割。资产由于能在未来特定时期内产生现金流，因而具备了资产价值，资产价值取决于资产产生现金流的能力，资产创造现金流的能力越大，其价格也就越高。资产证券化通过对资产价值进行分割，形成不同面值的证券，便于投资者进行分散购买。投资者通过持有资产证券，获得对资产未来现金流的占有权，并获得相应的收益分配。因此，资产证券化是以被证券化资产的未来现金流为支撑，证券化的不是资产本身，而是资产所产生的现金流。

比如，银行的中长期贷款通常为三年期，某银行在年初集中性的给若干客户共发放了总计 10 亿元的贷款，这就是银行的信贷资产，它代表银行能在未来三年内收取贷款的本金和利息（假设为 12 亿元）。但是如果银行为了尽快收回贷款资金，增强自身资产的流动性，就可以将该笔资产进行证券化，并出售给普通投资者。在完成资产证券化后，银行不但能一次性收回贷款本金（10 亿元），还可能获得一定的资产溢价（如 0.5 亿元）。而证券持有者的投资则可以获得溢价认购之外的资产收益（在此例中为1.5亿元）。可见，在资产证券化的过程中，资产持有者通过出售资产证券实现了资产变现，而投资者通过认购资产证券获得了资产在未来的经营收益。

因此，只要是产权明晰，能在未来特定时期产生现金流的资产，都可以进行证券化，如实体资产、信贷资产、证券资产等，相应的资产证券化形式被称为实体资产证券化、信贷资产证券化和证券资产证券化。本书中的资产证券化主要是针对公共基础设施项目的资产证券化，它以项目的资产为支撑，以项目资产运营带来的预期收益为保证。

基础设施资产证券化的显著特点在于，将规模庞大的项目资产和权益进行重组和分割，进而转化成面值较小的证券，并通过资本市场发行。这种方式可以面向更广泛的投资者，募集到大规模的资金，并且分散了项目的投资风险。而投资者能根据持有的证券凭证分享项目的稳定收益。同时由于证券可以在资本市场自由流动，有效的解决了基础设施项目建设运营周期长，流动性差的问题。



可见，资产证券化这一方式特别适合大型公共基础设施的融资。我国的公共基础设施项目，如高速公路、港口、码头、飞机场电厂等，大多具有经济效益好，经营现金流稳定的特点，是优良的证券化资产。而国际资本也渴望这样的投资机会，这为资产证券化的应用和发展提供了广阔的发展空间。

### 2. 资产证券化的发展

资产证券化最早出现在20世纪60年代的美国，当时美国大部分不动产抵押贷款都来自于银行等存款机构。但是由于通货膨胀的出现，导致大量的资金流向资本市场，大幅降低了银行的存款资金来源。同时由于不动产贷款大部分属于中长期贷款，偿还周期较长，这就导致银行的存量资金远远不能满足房地产抵押贷款的需求。

为了解决这个问题，需要建立一个强有力的二级抵押市场，将银行持有的抵押贷款变现，以提高银行的流动性。为此，美国国会组建了联邦全国抵押协会（FNMA），并于1968年拆分成现在的FNMA和政府全国抵押协会（GNMA），由这两个组织负责购买抵押贷款，并以贷款包为担保向二级市场发行证券，这就是“抵押担保证券”。1968年，政府国民抵押协会抵押担保证券的首次发行，标志着资产证券化的问世。

20世纪80年代，资产证券化在国际资本市场取得了快速发展，其应用范围从最初的住房抵押贷款扩展到汽车消费贷款、信用卡消费贷款，以及其他各种信贷资产和应收款项，业务规模迅速增长。

**表5　资产证券化的发展阶段**

| 发展阶段 | 住宅抵押贷款证券化 | 银行信贷资产证券化 | 公司应收账款证券化 |
|---|---|---|---|
| 开始时期 | 20世纪60年代末 | 20世纪80年代中期 | 20世纪90年代初 |
| 资产类型 | 住房抵押贷款 | 汽车贷款<br>信用卡应收款<br>计算机贷款<br>其他商业贷款 | 基础设施收费<br>贸易公司应收款股份<br>公司应收款<br>消费品分期付款 |
| 所涉及的国家和地区 | 美　国 | 欧美发达国家 | 发达国家和部分新兴市场 |

我国资产证券化的实践起源较早。早在1992年海南就出现了“地产投资券”形式的不动产证券，是我国资产证券化的雏形。

2005年3月，我国银行信贷资产证券化试点工作正式启动，国家开发银行和中国建设银行获准作为试点单位，分别进行信贷资产证券化和住房抵押贷款证券化的试点。到2005年底，国家开发银行41.7727亿元的信贷资产支持证券和建设银行30.19亿元的个人住房抵押贷款支持证券在银行间市场顺利发行，这是我国首次政策规范下的资产支持证券，标志着我国信贷资产证券化试点工作取得了阶段性成果。

最近几年来，我国的资产证券化业务取得了较快发展，在住房抵押贷款、收益类不动产、汽车消费信贷和不良贷款等不同领域都有了成功实践。

**表 6　我国资产证券化时间的重要事件**

| 时　间 | 资产证券化事件 |
|---|---|
| 1992年 | 海南三亚开发建设总公司以三亚丹洲小区 800 亩土地为发行标的物，以地产销售收入和存款利息收入作为投资者的收益来源，发行 2 亿元的地产投资券。 |
| 1996年 6 月 | 珠海公路有限公司以珠海市本地车辆登记费及非本地车辆的过路费作为支持,共计发行债券 2 亿美元。 |
| 1997年 | 中国远洋运输总公司与 BancBoston 合作，将北美分公司的航运收入进行证券化，私募发行了 3 亿美元的浮息票据。 |
| 2000年 3 月 | 中集集团将应收款出售给荷兰银行资产管理公司，并发行资产支持商业票据（ABCP）。 |
| 2000年 9 月 | 中国建设银行和中国工商银行相继获准实行住房抵押贷款证券化试点，但由于诸多原因，一直没有得以实施。 |
| 2002年 1 月 | 中国工商银行与中国远洋运输总公司启动 6 亿美元的 ABS 融资项目，这是国内银行首次参与境外资产证券化业务。 |
| 2004年 4 月 | 中国工商银行宁波市分行以 26.02 亿元的债权资产为标的，发行债权资产抵押证券，是我国首次采用资产证券化方式处置不良资产。 |
| 2005年 3 月 | 国家开发银行和中国建设银行获准作为试点单位，分别进行信贷资产证券化和住房抵押贷款证券化的试点，标志着我国本土信贷资产证券化正式开始。 |
| 2005年 8 月 | 中国国际金融有限公司设立了首个专项资产管理计划——中国联通 CDMA 网络租赁费收益计划，为中国联通建设 CDMA 网络募集 93.6 亿元资金。 |
| 2005年 12 月 | 东莞控股推出了“莞深高速公路收费收益权专项资产管理计划”，融资规模为 5.8 亿元。 |
| 2005年 12 月 | 国家开发银行 41.7727 亿元的信贷资产支持证券和建行 30.19 亿元的个人住房抵押贷款支持证券在银行间市场顺利发行。 |
| 2006年 3 月 | 中国国际金融有限公司推出“中国网通应收款资产支持收益凭证”，融资规模 103.15 亿元。 |
| 2006年 4 月 | 招商证券股份有限公司开发设计了国内第一个电力行业资产证券化项目“华能澜沧江水电收益专项资产管理计划”，融资规模 20 亿元。 |

| 时　间 | 资产证券化事件 |
| --- | --- |
| 2006年5月 | 东方证券股份有限公司推出了国内首个租赁资产证券化项目——“远东租赁资产支持收益专项资产管理计划”，总规模4.86亿元。 |
| 2006年5月 | 中国证监会发布了《关于证券投资基金投资资产支持证券有关事项的通知》（证监基金字[2006]93号），基金可投资包括符合中国人民银行、银监会相关规定的信贷资产支持证券，以及证监会批准的企业资产支持证券类品种。 |
| 2006年6月 | 东海证券有限责任公司推出“南京城建污水处理收费资产支持收益专项资产管理计划”，发行规模为7.21亿元。 |
| 2006年6月 | 国泰君安证券股份有限公司设立“浦东建设BT项目资产支持收益专项资产管理计划”，总规模为4.25亿元。 |
| 2006年8月 | 华泰证券有限责任公司设立“南通天电销售资产支持收益专项资产管理计划”，总规模为8亿元。 |
| 2006年8月 | 中信证券股份有限公司募集设立“江苏吴中集团BT项目回购款专项资产管理计划”，总规模为16.58亿元。 |
| 2006年9月 | 大连万达集团联合麦格里银行发行了CMBS（商业房地产抵押贷款支持证券）产品，面向国际市场募集资金，融资规模为11.52亿元人民币。 |
| 2006年10月 | 深圳国际信托投资公司推出了一款“准ABS信托产品”，产品名为“南光股份格兰云天大酒店集合资金信托计划”，产品最终募集资金0.8亿元。 |
| 2006年11月 | 经中国银监会、中国人民银行批准，东方资产管理公司和信达资产管理公司公开发行首批不良资产证券化产品，其中，东方资产管理公司发起的“东元2006-1重整资产支持证券”融资规模为19亿元；信达资产管理公司发起的“凤凰2006-1资产证券化信托资产支持证券”融资规模为47.5亿元。 |
| 2007年6月 | 国家开发银行2007年第一期信贷资产支持证券的发行遭遇流标。 |
| 2007年11月 | 中国银监会批准上汽通用汽车金融有限责任公司和华宝信托有限责任公司合作的第一期汽车抵押贷款证券化项目，这意味着非银行金融机构资产证券化开闸。 |
| 2008年1月 | 通元一期个人汽车抵押贷款证券化成功发行。 |
| 2008年10月 | 中信银行与招商银行各自发售完成了其首单以对公贷款为基础的资产支持证券。 |
| 2008年12月 | 信达资产管理公司发行了信元2008-1重整资产证券化。 |

### 专栏6 我国资产证券化的立法进程

2001年4月，《中华人民共和国信托法》颁布，其第15条和第16条规定，在委托人将特定资产设定为信托财产后，该特定资产可以与委托人和受托人的固有资产实现风险隔离，为证券化过程中的资产分割提供了法律依据。

2003年，证监会颁布了《证券公司客户资产管理业务试行办法》，适用于非金融类企业的资产证券化运作。运作模式是由证券公司设立“专项资产管理计划”，募集投资者的资金，用于向原始权益人购买特定资产未来一定期限内的收益权。证券公司作为计划管理人，负责购买基础资产，并向投资者分配资产收益。

2005年4月，中国人民银行和银监会联合公布了《信贷资产证券化试点管理办法》，旨在规范信贷资产证券化试点工作，保护投资人及相关当事人的合法权益，为我国银行业金融机构开展信贷资产证券化确定了基本交易结构。



2005年5月，《关于个人住房抵押贷款证券化涉及的抵押权变更登记有关问题的试行通知》的公布，为住房抵押贷款证券化过程中抵押权变更登记的处理提供了实施规则。

2005年6月，财政部发布了《信贷资产证券化试点会计处理规定》，进一步确定了信贷资产所有权转移的会计处理和有关条件。同年8月，《资产支持证券交易操作规则》出台，为资产支持证券在银行间债券市场进行交易树立了操作规则。

2005年11月，银监会正式发布了《金融机构信贷资产证券化试点监督管理办法》。

为了贯彻落实《国务院关于推进资本市场改革开放和稳定发展的若干意见》，支持扩大直接融资比重，促进金融创新工作的推进，财政部、国家税务总局于2006年2月20日联合发布了《关于信贷资产证券化有关税收政策问题的通知》，对信贷资产证券化产品的印花税、营业税和所得税进行了规范。

2006年5月，证监会发布《关于证券投资基金投资资产支持证券有关事项的通知》，这标志着基金投资资产支持证券的正式开始。《通知》所称资产支持证券，是指符合央行、银监会规定的信贷资产支持证券和证监会批准的企业资产支持证券类品种。

### 3. 资产证券化的程序

资产证券化是一项复杂的融资技术，涉及到诸多的环节和严格的程序。同时针对不同的资产特性、融资方式和发行对象，又会有不同的演变形式。因此本书仅对资产证券化过程中具有共性的几个核心环节进行简单介绍。

(1) 构建资产池



构建资产池是资产证券化的第一步。在这个环节中，资产证券化的发起人，即资产的原始权益人，根据自身的融资需求，确定用于证券化的基础资产，然后按照某种特质构造成为一个资产组合，形成一个资产池。

基础资产的选择非常重要，它会直接影响到资产池现金流的风险和收益特性，进而影响到证券化的交易结构，以及后续的信用评价和信用增级。

通常而言，基础资产的选定需要遵循以下原则：① 原始权益人必须对基础资产拥有完整的所有权、经营权和收益权，权利不完整或者存在瑕疵的资产是不适宜进行证券化的，比如一支远洋运输船队，在建造过程中就采用了融资租赁方式，并将运营收益质押给租赁公司，那么该项资产就不可能再进行证券化了；② 基础资产必须能够独立运营并形成现金流，而不需要依赖于资产池之外的其他资产，即保证基础资产产生现金流能力的完整性。比如高速公路项目，除了路面工程外，交通标识系统和收费站也应该包括在资产池中，才能保证资产池具有完整的运营能力；③ 资产池可以仅包含一项资产，也可以是多项资产的组合，对于多项资产打包的情况，通常要求各项基础资产具有相同的性质，而且拥有较为一致的寿命周期、风险水平和收益水平。比如同一区域的多个污水处理厂，就可以打包作为一个资产池进行证券化。

(2) 风险隔离

资产证券化不同于企业发行证券，在企业发行股票或债券等有价证券时，凭证持有人的风险和收益是与企业的整体运营绩效联系在一起的，企业任何分支部门或业务经营不善，风险都会直接影响到证券凭证的持有人。而在资产证券化中，证券的收益和风险应当只与证券化资产本身有关，而与资产原始所有者无关，当资产的原始所有人经营不善时，不应该出现挪用基础资产收益的情况，在资产原始持有人破产时，更不能影响到基础资产的安全。这时就需要在资产的原始持有人和基础资产之间构筑一道坚实的“防火墙”，做到两者之间的风险隔离。



风险隔离是资产证券化交易所特有的技术，它通过一系列的技术手段将资产原始所有人的经营风险与证券化资产交易隔离开来，其中最为常用的手段是：由资产的原始权益人设立一家“特殊目的公司 (Special Purpose Vehicle)” (SPV)，并将证券化资产“真实出售”给 SPV，SPV 对资产拥有完整的所有权，并以从事资产证券化业务为唯一目的的独立的信托实体。

特殊目的公司是指为了某个专门目的而设立的法律主体。SPV 通常没有注册资本限制，也可以没有固定的员工和办公场所，其所需要的职能都预先委托给其他专业机构。所以 SPV 主要作为一个经济主体，满足设立者特殊的交易目的。

在资产证券化中，SPV 处于非常核心的地位，SPV 向资产原始权益人购买基础资产，并以此为基础发行资产化证券，同时作为证券化资产唯一的信托实体，拥有证券化资产完整的所有权，并在名义上承担证券化资产的管理运营和收益分配职能。

要实现证券化资产所有权的完全转移，需要原始权益人把证券化资产

"真实出售"给 SPV。真实出售的一种确认原则①是：原始权益人与 SPV 签订资产转让的法律文件，将证券化资产的所有权完整让渡给受让人，包括放弃对资产的控制权、追索权、资产回购权等，并办理相关转让过户手续。转让手续办理完毕后，资产应该从原始权益人的资产负债表中剔除。这样即使当原始权益人破产清算时，已转让的资产也不会被列为出售者的清算资产。

在资产所有权转移给 SPV 后，原始权益人的风险被隔离，但是 SPV 必须同样确保不会发生任何可能影响证券化资产安全的行为，因此 SPV 的经营活动受到法律和协议的严格限制，例如：

● 经营范围的限制。SPV 的经营范围只能是从事资产证券化业务，不能发生证券化业务以外的任何资产和负债。

● 所承担债务及担保的限制。SPV 的债务范围仅限于证券化交易中应承担的债务以及担保。不对其他任何的机构提供资产及资信担保或者承担债务。

● 独立运作性。SPV 在运作中，必须做到财务独立、资产独立，不与其他任何机构发生资产上的混合，也不同其他任何机构发生关联方关系，并且不应设置除交易文件规定之外的任何附属机构。而且，为确保资产证券到期之前，SPV 的权益不受任何破产兼并或资产出让的影响，SPV 应保证不与任何其他方发生合并或原始权益转让。

● 分红。SPV 应保证除交易文件规定之外，不作任何其他形式的分红或者利益分配，确保证券化资产的全部收益权均归属证券持有人。

在通常情况下，SPV 虽然在名义上是证券化资产管理运营的唯一主体，但实际上 SPV 自身不会实施具体业务，而是按交易文件的预先规定，将具体业务委托给其他专业机构。比如将资产运营权委托给原始权益人，因为原



① 目前中国法律对"真实出售"并没有明确的界定标准，各国的判断标准也不相。如美国"财务会计准则"第 77 条规定，实现真实出售必须满足以下三个条件：1. 出让人必须放弃对未来经济利益的控制；2. 出让人必须有能力合理估计出在附有追索权条款下，它应承担的义务；3. 除非附有追索权条款，否则受让人不能将资产退还给出让人。

始权益人通常更具备资产管理的能力和经验。同时，将收益权和分配权委托给一家独立的托管机构，由受托机构作为投资者代表，负责收取资产收益，并分配给投资者。当SPV出现违约时，受托机构将维护投资者的利益。这种交易结构能够确保证券化交易的各方当事人明确分工，互相制衡，更好的保护投资者利益。

(3) 信用增级

资产支持证券的投资收益能否得到有效的保障和实现主要取决于证券化资产的信用保证程度。风险隔离技术有效隔离了来自资产外部的风险，但是证券化资产本身的经营风险仍然无法消除。为吸引更多的投资者，改善发行条件，SPV必须对整个资产证券化交易进行信用增级,以提高所发行证券的信用级别。利用信用增级,可以缩小发行人限制与投资者需求之间的差异,使得证券的信用质量和现金流的时间性和确定性能更好地满足投资者的需要,同时满足发行人在会计、监管和融资目标方面的需求。



信用增级的手段有很多种,主要分为外部增级和内部增级两种。

外部信用增级的方式主要包括专业保险公司提供的保险，企业担保，信用证和现金抵押账户。在外部信用增级中,最简单的形式是由专业保险公司为投资者提供保险。在这种模式下，保险公司为每笔投保的交易保留一定的资本，并担保投资者及时的得到利息和最终偿还本金。但是,专业保险公司一般只为投资级,即信用等级为BBB/Baa之上的资产支持证券提供保险。

企业担保则一般是由资产的原始权益人向投资者作出保证，在投资者不能按约定获得资产支持证券收益时，投资人能向资产原始权益人行使完全追索权，保证投资人免受损失。企业担保可以针对整个交易,也可以针对交易中的某个部分。在许多交易中,资产原始权益人都会为自己发行的某些较低信用等级的资产支持证券提供担保。

信用证 (LOC) 是由金融机构作出的支付承诺，在LOC的保护下,无论资产支持证券的实际损益如何，金融机构都必须向投资者作出LOC约定的支付。这种情况下，投资人的利益得到了可靠的保障，而风险则转嫁到了开立

LOC的金融机构身上。因此，金融机构开立LOC时，通常会要求发行人交纳一定比例的保证金或提供其他类型的信用保证。

现金抵押账户（CCA）在信用卡应收账款证券化中应用较为普遍。现金抵押账户（CCA）是独立于证券化信托资产之外的一个现金信托账户，一般是由第三方银行贷款投资组成，账户中的资金可以投资于随时可变现的短期证券类资产。在资产支持证券的收益不足以偿付投资者本息时，则可以动用现金抵押账户的金额，证券到期并偿付完毕后，账户余额才用于向提供贷款资金的银行进行还款。

除了上述四种方式外，在长期的资产证券化实践中，还诞生了大量新颖实用的外部增级工具。无论外部信用增级的形式如何变化，其实质都是利用证券化资产之外的、具有更高信用等级的机构或工具，对证券化资产提供担保或保证，以此提高证券化资产的信用。外部信用增级的优点是，对资产支持证券信用等级的提升效果明显，对投资者的保障措施较为有力。但是作为外部的信用提供方，不可避免的在担保过程中承担较大的风险。因此如何取得外部的信用支持是一个复杂的过程，信用提供方会对基础资产和证券化的结构进行深入的分析，并履行严格的程序对发行人进行限制和要求，实施难度较大。此外，如果信用提供者的信用等级下降，也会对资产支持证券造成影响。



内部信用增级是对基础资产所产生的现金流进行结构化重组，降低其中某一部分的信用等级，从而提升另一部分的信用等级，是在资产支持证券内部调节信用的模式，常用的有优先/次级结构、超额抵押以及利差账户等方式。

优先/次级结构是常用的内部信用增级手段。简单来说，优先/次级结构就是将资产支持证券分为优先级和次级两个部分，在获得资产收益后，优先偿还优先级的投资者，剩余部分再偿还次级投资者。这种偿还顺序和偿还比例的安排，使得优先级证券具有较高的信用等级，便于发行。而对于信用等级较低的次级证券，则由发行人自行认购，或者安排较高的风险收益水平，以鼓励具有较高风险偏好的投资者认购。

超额抵押是另一种常用的信用增级方式。超额抵押是指，资产收益在支付了所有债券本息和费用之后，余额继续用于支付下一期的债券本金。这种支付结构可以保证资产的全部收益都用于偿付投资者的本息，加速了债券本金的偿还，也被称为是涡轮结构。

与超额抵押类似的一种方法是使用利差账户。当资产收益在支付了所有债券本息和费用之后，剩余的金额不用于继续支付下一期的本金，而是积累在利差账户中，并进行一些短期投资，直至利差账户的金额上升至由评级机构确定的预先决定的水平，确保投资人的利益得到保障。

在实践中，大多数发行人会结合使用内部增级手段和外部增级手段。例如，超额抵押和利差账户都可以使现金流获得投资级的信用评级，然后再利用专业保险公司提供的保险就可获得 AAA 的信用评级。

### 专栏 7 信用等级对照表



**表 7 穆迪与标准普尔对债券评级标准表**

| 各级别对应的风险程度 | 评级机构及符号 | | |
|---|---|---|---|
| | 穆迪公司（Moody's） | 标准普尔公司（S&P） | 惠誉公司（Fitch） |
| 还本付息能力极强，有可靠保证，承担风险最小 | Aaa | AAA | AAA |
| 还本付息能力很强，但风险比前者略高 | Aa1、Aa2、Aa3 | AA+、AA、AA- | AA+、AA、AA- |
| 安全性良好，还本付息能力一般，有潜在的导致风险恶化的可能性 | A1、A2、A3 | A+、A、A- | A+、A、A- |
| 安全性中等，短期内还本付息没问题，但在经济不景气时风险明显加大 | Baa1、Baa2、Baa3 | BBB+、BBB、BBB- | BBB+、BBB、BBB- |
| 有投机因素，不能确保投资安全，情况变化时还本付息能力波动大，不可靠 | Ba1、Ba2、Ba3 | BB+、BB、BB- | BB+、BB、BB- |
| 不适合作为投资对象，还本付息及遵守契约条件等各个方面均不可靠 | B1、B2、B3 | B+、B、B- | B |
| 安全性极低，随时有无法还本付息的危险 | Caa | CCC+、CCC | CCC+、CCC |
| 最具投机性，目前处于违约状态中或有严重缺陷 | Ca | CC | CC |
| 最低等级，安全投机性 | C | C | C |

(4) 证券发行

信用增级后，特殊目的公司（SPV）将聘请信用评级机构对资产支持证券（ABS）进行正式的发行评级，将评级结果向投资者公告，然后由证券承销商负责向投资者销售资产支持证券（ABS）。由于此时资产支持证券已具备了较好的信用等级，因此能以较好的发行条件售出。

特殊目的公司（SPV）从证券承销商那里获取证券发行收入后，再按合同中规定的价格，把发行收入大部分支付给发起人，从而达到发起人的融资目的。

在资产支持证券发行结束后，证券持有人获得基础资产的收益权。由SPV委托的托管机构负责记录和收取基础资产产生的现金流收入，并把全部收入在扣除各项费用后，按时向投资者支付本金和收益。

资产支持证券（ABS）全部被偿付完毕后，如果托管账户中还有资金剩余的话，按协议约定在发起人、SPV和证券持有人之间进行分配。至此，整个资产证券化过程即告结束。



## 4. 资产证券化的结构

从前面可以看出，资产证券化过程中包括以下参与方：

(1) 资产证券化的发起人（即原始权益人，Originators）

资产证券化的发起人，通常也称原始权益人（卖方），是被证券化资产的原始所有者，是资金的最终使用者。发起人确定基础资产组合，将它出售或者作为资产支持证券的抵押物。发起人一般包括商业银行、财务公司、储蓄机构、保险公司、证券公司等，基础设施证券化项目的发起人一般是项目公司。

(2) 特殊目的公司（Special Purpose Vehicle,即 SPV）

资产证券化的发行人，通常也称为特殊目的公司。基础资产并不是由原始权益人直接转让给投资者，而是首先转让给一家独立的特殊目的公司，并由特殊目的公司负责资产支持证券的发行。这些特殊目的公司是专门为发行ABS而组建的，具有独立法律地位。SPV必须具备以下两个特点，即：SPV 必须是独立的法人实体；SPV 与资产的原始权益人之间必须做好风险隔离。

(3) 资产证券化的代发行机构

资产证券化的代发行机构，即资产支持证券的承销商（在国外一般为投资银行）。发行机构为证券的发行进行有效促销，确保 ABS 发行成功。发行方式可以是公募发行，也可以是私募发行。

(4) 资产证券化的信用担保机构

资产证券化除以基础资产作担保外，还需信用增级机构提供额外的信用支持。信用增级是减少 ABS 发行整体风险的有效途径，其目的是提高 ABS 的资信等级，降低发行成本。

(5) 资产证券化的资信评级机构

资产证券化的资信评级机构为资产支持证券进行信用评级，针对 ABS 的信用风险提供权威性意见。在国际资本市场上，信用评级是投资者进行投资决策的重要依据。实际操作中，由于 ABS 具有“有限追索”的特殊性，资信评级机构只需对基础资产未来产生现金流量的能力进行评估，以判断可能给投资者带来的违约风险。正是因为这种评级的针对性，使得资产证券化对于那些自身资信不理想而难以涉足资本市场进行融资的企业而言，意义非常重大。这种企业可以剥离出优质资产，给予相应的信用增级措施，从而获得远高于自身的资信等级,并成功在资本市场上获得融资。



(6) 资产证券化的投资者

投资者在资本市场上认购和交易资产支持证券，包括各种类型的机构投资者和大量的个人投资者。由于投资者的风险偏好不同，因此不同风险——收益结构的证券都有其市场。

(7) 资产证券化的服务人

服务人是受 SPV 委托，在资产支持证券存续期内，负责对基础资产进行管理的专业机构。由于发起人往往对基础资产有较好的运营及管理经验，因此最适合作为服务人。

(8) 资产证券化的受托管理机构

受托管理机构是由 SPV 指定，负责设立专门账户，收取基础资产的现金流，并按约定将证券本息或收益支付给投资者的独立托管机构。

此外，资产证券化过程中通常还会涉及众多的资产评估机构、律师事务所和会计师事务所等专业服务机构。

### 案例 7　南京城建污水处理资产证券化项目

2006 年 7 月，国内市政设施资产证券化"第一单"——"南京城建污水处理收费资产收益凭证"在深交所挂牌，南京城市建设投资控股（集团）有限责任公司以未来 4 年污水收费受益权为基础资产，发行 7.21 亿元收益凭证，年收益率为 3.9%至 4.3%。该计划由东海证券募集、设立及管理，并由上海浦东发展银行作为托管行和担保机构，计划份额在中国证券登记结算公司进行登记托管，并根据中国证监会的批准通过证券交易所交易系统进行交易转让。

1. 项目背景

2006 年开始，南京计划在三年内投入 82 亿元，专门用于主城污水处理系统的新建和完善。计划到 2008 年，该工程实施完毕后，主城所有河流水质达到五类标准，2010 年达到四类标准，届时南京市污水处理能力将问鼎全国，并成为亚洲范例城市。

南京市城建集团受市政府委托，承担南京市公共设施及市政公用事业项目的投资、融资、建设、运营、管理任务。随着地方经济的迅速发展和城市基础建设规模的扩大，南京市城建集团承担的各类建设项目逐渐增加，仅依靠财政拨款已无法满足对建设资金的巨大需求。

表 8　2003—2005 年南京市财政用于污水处理项目建设和维护的拨付资金

单位：亿元

| | 2003年 | 2004年 | 2005年 1-9 月 |
| --- | --- | --- | --- |
| 污水处理工程建设和维护拨款 | 1.2 | 2.85 | 2.07 |
| 专项拨款 | 1.00 | 1.00 | 1.00 |
| 合　计 | 2.2 | 3.85 | 3.07 |

同时，南京市城建集团拥有着一批能够产生稳定现金流的资产，比如水(含污水处理收费)、液化石油气、煤气、高速公路收费等，全年各类收入约40 亿元，仅污水处理一项每年就可提供 3.5 亿元的稳定收入，这为开展资产证券化融资创造了条件。



2. 关键环节设计

(1) 关于污水处理收费收益权

根据南京城建 2005 年 6 月 9 日出具并经南京市财政局证明的《关于污水处理费收取、拨付、使用情况》的说明函，南京城市污水处理费属预算外资金，南京市自来水总公司按规定收取后，全额缴入南京市财政局专户，南京市财政局根据资金收入和使用进度及时拨付到南京城建，由南京城建统筹专项用于南京市污水处理厂的建设和维护。

该文件表明，南京城建对南京市城市污水处理收费享有收益权。南京城建是南京市政府授权范围内的国有资产经营管理主体，考虑到其特殊的地位和职能，南京城建出让污水处理收费收益权是有保障的。

(2) 基础资产现金流

南京城建污水处理收费来源为用水单位和个人交费，污水处理费包含在自来水费中（自来水到户价格由供水价格、污水处理费、水资源费、城市公用事业附加费和省水处理专项费用五项构成)。2002 年南京市物价局将污水处理收费标准调高了近一倍，至2006年维持2002年的价格水平。

(3) 关于SPV

本项目SPV的设计模式为，在南京城建集团下设自来水公司负责本次资产证券化项目实施。

(4) 交易结构

原始权益人：南京市城市建设投资控股（集团）有限责任公司（简称“南京城建”）

计划管理人：东海证券有限责任公司（简称“东海证券”）

托管银行：上海浦东发展银行股份有限公司（简称“浦东发展银行”）

担保机构：上海浦东发展银行股份有限公司

登记机构：中国证券登记结算有限公司深圳分公司（简称“中证登深圳公司”）

计划交易结构如下图所示。



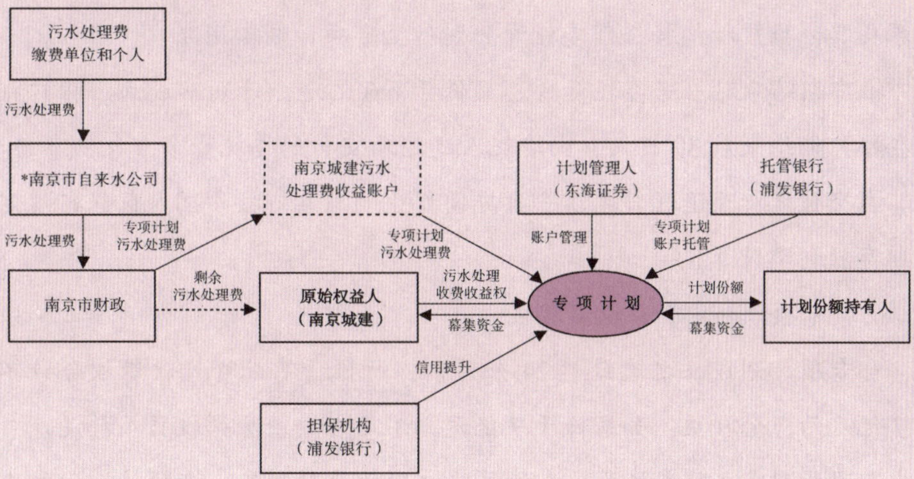


图10　南京城建污水处理资产证券化计划交易结构

(5) 信用增级

浦东发展银行与东海证券签订《担保合同》，为专项计划总计约8亿元资金提供无条件不可撤销的保证担保。此项《担保合同》约定的保证范围为，本专项计划专用账户应从项目公司污水处理费收益账户中累计收到等于人民币 8 亿元的承诺之债。

(6) 专项计划资金规模及存续期限、预期收益率（见表 9）

**表 9　专项计划资金规模**

| | 目标资金规模（万元） | 存续期限（月） | 预期收益率 | 支付方式 |
|---|---|---|---|---|
| 01期 | 12,100 | 12 | 2.8%–3.0% | 到期一次性支付 |
| 02期 | 13,000 | 24 | 3.1%–3.3% | 到期一次性支付 |
| 03期 | 23,000 | 36 | 3.4%–3.6% | 到期一次性支付 |
| 04期 | 24,000 | 48 | 3.7%–3.9% | 到期一次性支付 |

当时约定，专项计划推广期满，如果所有委托资金总额不低于 6.6 亿元，或在推广期内实际委托资金总额达到 6.6 亿元的，推广期提前终止。经会计师事务所进行验资并出具验资报告后，管理人宣布专项计划成立，东海证券及其他推广机构将全部委托资金划付至专项计划专用账户。



推广期结束时，若委托资金总额低于 6.6 亿元，计划不成立。推广机构将在推广期结束后 30 日内，向委托人退还所交付的委托资金（包括参与费）及其在交付之日至退还日之前一日期间发生的利息（按中国人民银行规定的活期存款利率计算）。

(7) 专项计划中资产收益构成

自专项计划成立之次日起 24 个月内，所投资基础资产收费权合计不低于 7 亿元的现金收益，如果低于 7 亿元，不足部分由原始权益人补足。

专项计划成立前委托资金在清算账户中的存款利息，专项计划存续期间专项计划在专项账户中的存款利息，以及专项计划资产在分配前进行货币市场投资的收益，均构成专项计划的资产收益。

(8) 推广对象及参与规定

本计划推广对象是具备适当的金融投资经验和风险承受能力，持有深圳证券交易所证券账户的个人投资者和机构投资者。首次认购金额不得低于5万元，超过部分必须是1,000元的整数倍，申购费率为0.15%。

3. 信用评级及依据

远东资信给予南京城建污水处理收费收益计划01期A-1+的短期信用等级，02、03和04期AAA级的信用等级。其评级依据如下：

优势：浦东发展银行为本次收益计划基础资产约定部分的收益权提供了无条件不可撤销的独立的保证担保，对本收益计划的份额持有人按时足额获得预期支付额提供了充足的保障；基础资产信用质量较高，污水处理收费业务较为稳定；本收益计划在资金管理、收益分配环节等方面所作的结构安排，提高了资金的安全性，降低了操作风险。

风险因素：如国内税法及有关税收管理条例发生变化，而新产生须由本收益计划承担的税费，则有可能对计划份额持有人足额获得预期收益造成影响；本收益计划的发行和操作涉及基础资产原始权益人、计划管理人、托管银行、担保机构等多家机构。如果这些机构未能按照有关合同的要求及时、完整的履行其职责和义务，则可能会对计划份额持有人按时、足额获得预期收益造成一定负面的影响。

# 第九章 信托融资

## 1. 信托融资的概念

信托是指委托人基于对受托人的信任，将其所拥有的财产（包括资金、动产、不动产、有价证券、债券等）委托给受托人，由受托人按委托人的意愿，以受托人的名义，为受益人的利益或者特殊目的，对信托财产进行管理或处分的行为。信托是以资金和财产为核心，以信任为基础，以委托为方式的财产管理制度。

财产所有者称为信托人，信托人可以是自然人，也可以是法人；委托的财产称为信托财产；接受委托代为经营管理财产的人，称为受托人，受托人一般是法人；由委托人指定的享受信托财产利益的人，称为受益人，受益人通常是第三人，也可以是信托人自己，受益人是第三人的叫他益信托，信托人是自己的叫自益信托，建立信托关系的合同称为信托合同。

信托的一般运行程序是：首先，信托委托人寻找可以信赖的受托人，签订信托合同；然后，受托人对信托财产作出受托处理而得益；最后，受托人将收益转交给受益人。

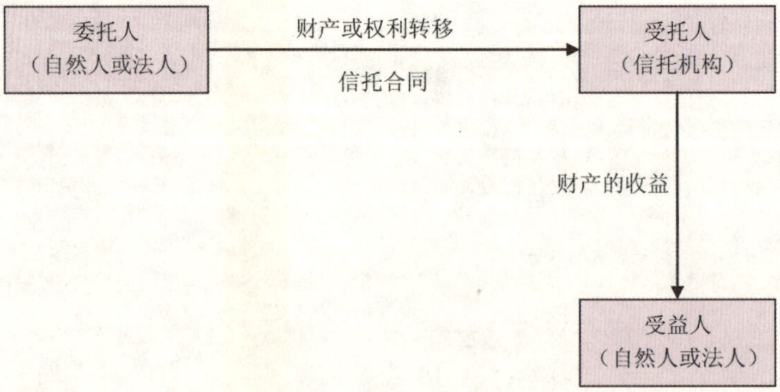


**图 11 信托的运行**

信托融资是一种基于信托业务的融资方式。项目发起人因资金短缺，向信托机构寻求融资。信托机构根据具体项目设立信托计划（也叫信托产品），并向社会筹集资金，筹集到的资金通过信托方式投入到项目中去。

在信托融资中，投资人出资购买信托计划，是财产的委托人。信托机构通过发售信托计划汇集的资金就是信托财产。而信托机构是信托关系中的受托人，它代表投资者处理信托财产，包括将资金投向专门的项目、监管信托资金的使用、并获取投资的收益。在项目取得投资收益后，由信托机构将信托财产的本金和收益返还给投资者，此时投资者就是信托计划的受益人。整个信托关系的目的就是把信托财产投资于项目并获取投资收益。其基本原理如图所示：

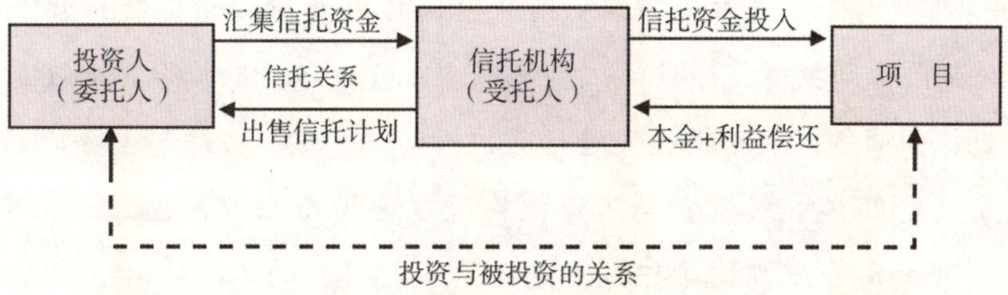


**图 12　信托融资基本原理**

信托融资是通过专业信托机构作为信用中介进行的，资金供需双方借助信托机制进行资金余缺调剂，这种融资方式兼具直接融资和间接融资的特点。在信托计划发行过程中，资金提供方需要对投资项目做出审慎判断，并承担投资的全部风险，同时投资成功的收益也归属于资金提供方。从这个角度看，信托计划建立了资金提供方和需求方的直接联系，是直接融资的形态。但是另一方面，全部的信托资产都是经由信托计划而集中在信托机构的账户中，并以信托机构的名义进行投资、监管和回收。从这个角度看，信托融资又具备间接融资的特性。正是这一特性，使得信托融资突破了传统直接融资（如发行股票债券）和间接融资（如银行贷款）的局限，成为一种十分重要的融资模式。

## 2. 信托融资的模式

信托是唯一可以横跨货币市场、资本市场和保险市场的金融工具。在我国，信托机制具有广泛的资金来源。其中包括：一是通过“信保合作”方式，吸引规模庞大的保险资金；二是通过“银信合作”方式，由商业银行发行理财产品购买信托计划；三是通过信托公司自身渠道，向众多的机构投资者和个人投资者募集资金。正是由于信托融资有利于募集规模庞大的资金，因此成为我国公共基础设施融资的重要模式。

### 专栏 8　信保合作

2006 年 3 月，保监会发布《保险资金间接投资基础设施项目试点管理办法》允许保险资金投资交通、通讯、能源、市政、环境保护等国家级重点基础设施项目，但必须采用信托模式进行间接投资。该管理办法的主要内容如下：

一是实行间接方式投资。保险机构通过购买专业机构设立的投资计划，将投资管理交由专业机构运作，防范经验不足引发的风险。

二是严格项目投资范围。规定保险资金投资交通、通讯、能源、市政、环境保护等国家级重点基础设施项目。

三是明确有关资质条件。在强调专业化分工合作同时，从公司治理、资信状况、信用等级、管理能力、内控制度等方面，对市场主体提出了明确的资质要求。

四是建立风险监控制度。通过资金托管和独立监督等项制度创新，强化外部约束和内部监督，提高风险管理透明度。

信保合作模式既考虑到保险资金规模大，投资保值需求高，又结合了专业信托公司在投资管理方面的优势。两者的结合有利于引导庞大的保险资金投入到基础设施建设等重点投资领域。

基础设施利用信托资金的方式包括：债权融资、股权融资、权益融资和结构性融资，与此相对应的产生了不同的信托机制。

(1) 贷款信托

贷款信托是指信托机构（受托人）通过发行债权收益凭证的方式向投资者（委托人）募集定量资金，并贷款给指定项目。其具体步骤如下：

a. 委托人同意接受信托计划，并与信托公司签订资金信托合同，在合同中指定信托资金的用途并确定资金使用的利率和期限。

b. 信托计划募集完毕后，信托公司（受托人）按委托人的意愿以自己的名义与借款人签订借款合同并办理相应的担保手续，按照合同约定将信托资金以贷款形式投资于项目主体。

c. 贷款到期后，信托公司按时向借款人收取贷款本息。在扣除各项过程费用、受托人管理费并代缴有关税费后，信托公司向委托人返还信托资金及收益。

d. 在信托计划存续期内，信托收益凭证经受托人审核登记后，可办理转让手续，也可继承。



**案例 8　“青红公路”贷款信托计划**

青红公路“冀鲁界至邯郸段”高速公路作为青兰高速公路邯郸段的一期工程，是国家高速公路网规划中的重要组成部分。项目总投资 27.31 亿元，其中：交通部补助 2.37 亿元，省交通厅投入 3.12 亿元，业主解决 4.07 亿元，国家开发银行贷款 17.754 亿元。

本项目虽然有政府 5.49 亿元的资金注入和国家开发银行的贷款，但是仍需要项目方自行筹措 4 亿元资金，而项目方只能解决 2 亿元资金，还有 2 亿元的资金缺口需要补足。

该段高速公路作为政府还贷公路，投资回报率不高，利用外资不切实际；发行公路建设债券手续复杂、难度较大。比较起来，贷款信托具有操作简单、筹资速度快捷的优势。经过分析，青红公路“冀鲁界至邯郸段”高速公路项目方最终决定依托平安信托投资有限责任公司搭建信托融资平台，吸收社会投资补充本项目的资金。

信托融资方案

1. 受托人

此项目的信托机构（受托人）为平安信托投资有限责任公司（以下简称平安信托）。

2. 委托人

此项目面向中国境内具有完全民事行为能力的自然人、法人或者依法成立的其他组织发行。

3. 贷款人

邯郸市青红高速公路管理处是青红高速公路项目法人（甲级），全面负责青兰高速公路“青红公路冀鲁界至邯郸段”项目一期、二期工程的建设和管理工作。青红管理处是于2003年12月经河北省交通厅以冀交字【2003】671号文和邯郸市人民政府以【2003】77号文批准成立的、直属邯郸市交通局的事业单位。国家开发银行AA-级信用客户，在开行取得的风险授信限额为52亿元。

4. 信托计划的交易结构

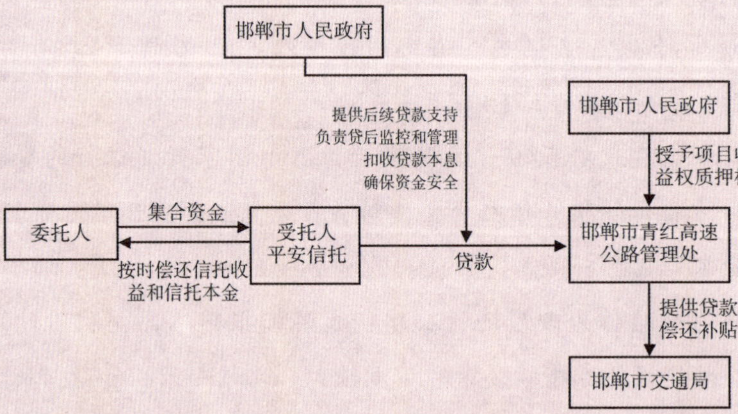


**图13　信托计划交易结构**

(1) 信托资金由受托人按照用款计划以贷款形式发放给借款人。信托生效后每满一年进行一次信托财产的核算与分配，信托期满或终止时进行清算分配。

(2) 邯郸市人民政府授予项目法人充足的公路收益质押权，以公路受益权作为质押保证。

(3) 国家开发银行提供的后续贷款用来偿还信托财产的本金和利息，并全权负责贷后监控和管理，并授权直接扣收贷款本息，确保资金安全。

(4) 邯郸市交通局为借款人提供贷款偿还补贴承诺。

5. 信托收益

本信托产品为二年期，年收益率为4.6%，高于同等低风险的投资产品。所产生信托收益为信托贷款利息收入及信托资金存放银行、购买国债等其他收入扣减信托财产承担的各项费用后的净收益，信托收益自信托计划成立之日起计算，受益人按信托资金占信托计划资金的比例享有信托收益。

河南青红高速公路（冀鲁界至邯郸段）项目依托平安信托进行信托融资弥补了项目建设初期的资金缺口，对投资人来说也是低风险高回报，实现了投资者和项目建设方的双赢。



(2) 股权投资信托

股权投资信托指信托机构（受托人）按委托人的意愿，以自己的名义，使用信托资金对企业进行股权投资。受托人以信托资金投资获得的公司股权，其所有权登记在受托人名下，信托财产由资金形态转换成了股权形态。受托人可根据参股公司的章程，向项目公司派驻董事，参与项目公司的管理，行使股东权利。到期以后，受托人通过向第三方转让股权或者关联方回购的方式退出，信托收益主要来自于股权转让或回购的溢价。受托人在收取手续费并代缴有关税收后向委托人返还信托资金及收益。信托受益权经委托人审核登记后，可办理转让手续，也可继承。

股权投资信托要求信托公司审慎的选择投资企业，并具备较高的投资管理水平，能够有效的控制风险。在投资成功的情况下，股权投资信托可能为委托人带来较高的投资收益。

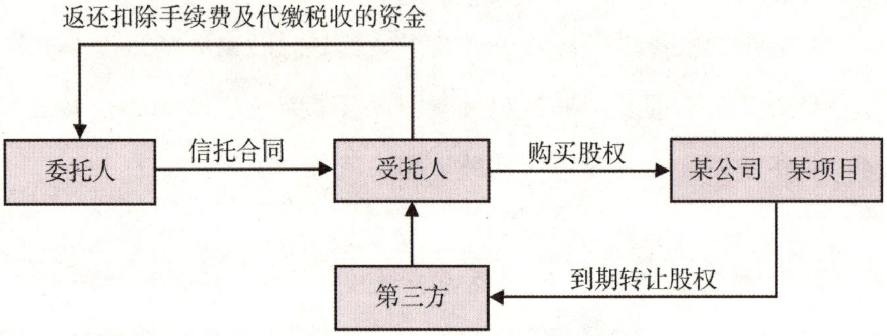


**图 14　股权投资信托运作模式**



### 案例 9　“京沪高速天津段”股权投资信托计划

京沪高速公路天津段项目是京沪国道主干线的重要组成部分，是国家级重点工程，项目总投资 41 亿元。

根据我国固定资产投资管理的相关法规，公路建设项目的资本金比例要求在 35%以上，即项目公司（天津通元高速公路有限责任公司）需要提供 14 亿元资本金，其余部分才能向银行申请贷款。然而由于各种原因，项目公司仅能出资 11 亿元，尚存在 3 亿元的资本金缺口。在寻找战略投资者未果，又不适于发行股票进行股本融资的情况下，项目公司决定采用股权投资信托募集缺乏的股本资金。

信托融资方案

1. 受托人

受托人是北京国际信托投资有限公司（以下北京国投）。

2. 委托人

信托计划面向中国境内具有完全民事行为能力的自然人、法人或者依法成立的其他组织。

3. 贷款人

此项目的项目法人是天津通元高速公路有限责任公司（以下简称天津通元），公司负责京沪高速公路（天津段）投资、建设、经营、管理，并享有京沪高速公路（天津段）30年的收费权。

项目公司由深圳市中技实业发展（集团）有限公司（以下简称深中技）和天津市高速公路投资建设发展公司（以下简称天津高速）出资组建，双方分别持股75%和25%。

天津高速是隶属于天津市市政工程局的国有独资企业，独家享有天津市境内高等级公路的建设及投资权。而深圳市中技实业发展（集团）有限公司是一家大型上市公司，流动资金较为充裕。

4. 信托计划的交易结构



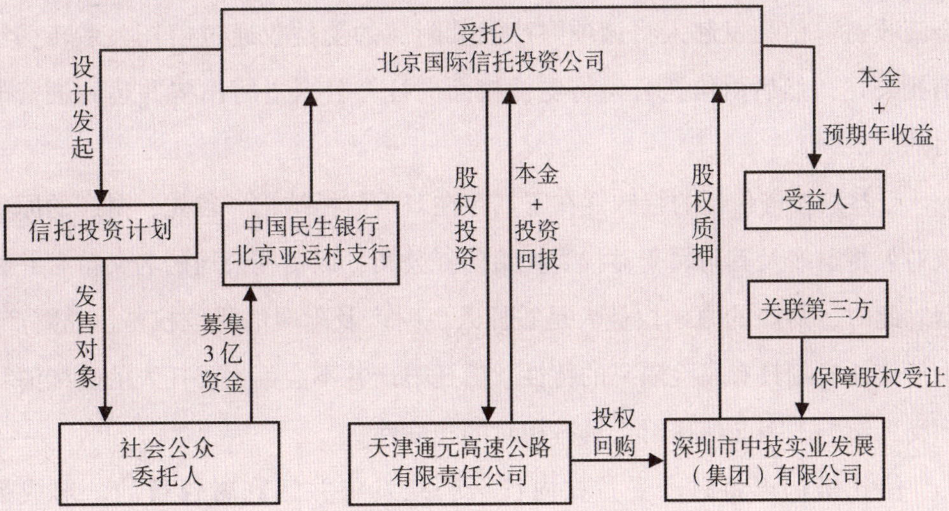


**图15　信托计划交易结构**

本信托计划名称为"京沪高速公路天津段一期工程资本金投资集合资金信托计划"，信托计划为期四年，计划募集信托资金 30060 万元整。由中国民生银行担任托管行。

信托计划募集结束后，以受托人名义向项目方进行股权投资，在项目公司达到注册资本金要求后，再将收费权质押给银行获得贷款。计划到期后由深科技溢价分期回收股权。深中技以自身股权质押给受托人，担保到期回购股权，另外由深中技的关联第三方保证，在深中技不能如约回收股权的情况下受让股权。

此次信托融资采取了股权回购、股权质押担保、第三方履约保证等措施，确保股权投资的安全退出和预期收益，形成了不少经验借鉴。

(3) 受益权投资信托



受益权投资信托是一种特殊的财产信托形式。在受益权信托模式下，信托的发起人持有某项财产，并且该项财产能在未来特定时期内产生稳定的现金流收益。信托发起人将该项财产及其附属的受益权通过信托关系转移给信托公司，然后由信托公司将受益权面向社会公众进行出售并达到融资的目的。

受益权投资信托的特殊性在于其存在双重信托结构。首先，财产的原始权益人将财产及其附属受益权委托给信托公司，以信托公司的名义持有并经营。此时，财产的原始权益人是委托人，财产及附属的受益权是信托财产。由于信托机制具有风险隔离的特性，信托财产并不会因为委托人的破产清算而受到影响，因此信托财产具有相对的独立性。

信托机构再将财产受益权向社会公众发售并达到融资目的，形成另一层信托结构。在该层次中，募集的资金是信托财产，而购买受益权凭证的社会公众是委托人。委托人将现金资产交付给信托公司，并以信托公司的名义投资于财产的原始权益人，最后通过财产的未来收益分配取得投资回报。

在这个过程如图 16 所示：

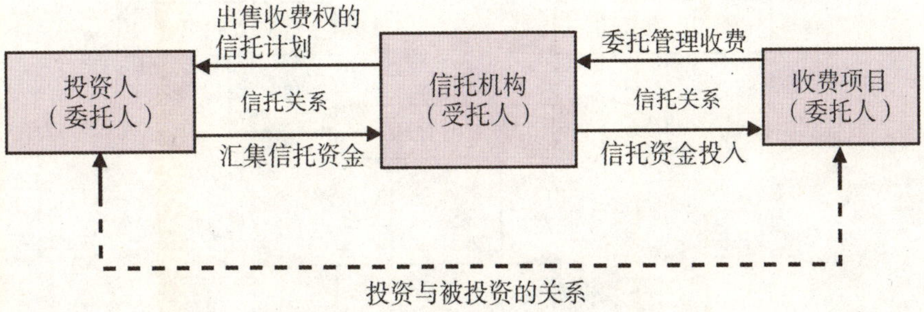


**图 16　收费受益权信托运作模式**

在我国，各类基础设施收费权和公共事业收费权都具有稳定的现金流收益，如经营性公路通行费收入、排污截污收费、供电供气供暖收费等，都非常适合采用受益权投资信托。利用受益权投资信托建设基础设施等公共产品或准公共产品，可以有效地弥补政府投资的不足。



### 案例 10　“四川黄龙电力”电费受益权融资

电力项目一般具有收益稳定、现金流充足的特点。与大多数电力公司采用贷款信托方案不同，2004 年北京国投四川黄龙电力有限公司采用电费受益权方式进行信托融资，成为我国首个采用电费受益权信托融资的案例。

四川黄龙电力有限公司作为委托人，以其拥有的甘堡电站、理县电站、天龙湖电站、金龙潭电站的电费受益权作为信托财产，设立电费受益权信托，以电费收入作为信托本金和收益来源。信托计划分为一年、二年、三年三个品种，其中一年期 4000 万元，收益率 4.5%，两年期 1.15 亿元，收益率 4.8%，三年期 1.45 亿元，收益率 5.2%。

根据黄龙电力 2004 年—2006 年的现金流测算，本信托计划项下，信托财产的电费收入净现金流基本可以覆盖信托计划项下每年必须支付的信托利益。黄龙电力承诺，如果信托产的电费收入不足于支付信托利益时，由黄龙电力予以补足。

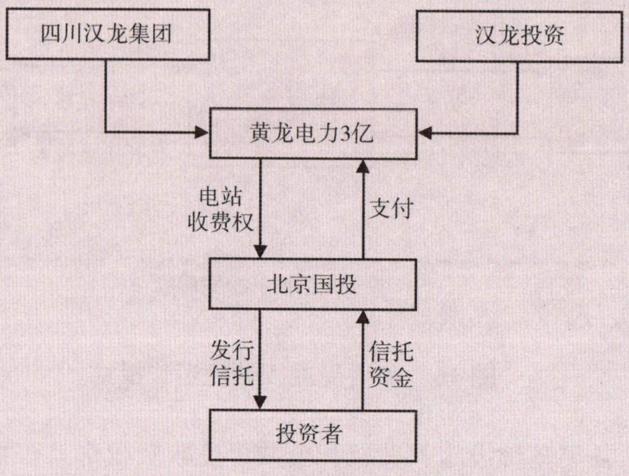


**图 17　信托融资交易结构**



该信托产品为信托资金的安全偿还提供了多重保障设计，包括：

1. 首次引入收费权项目保险安排，将甘堡电站和理县电站投保的财产保险综合险和第三人责任险（根据实际投保险种确定）的第一收益人变更为北京国投；

2. 办理电站资产抵押及收费权信托登记，即黄龙电力以甘堡电站、理县电站的固定资产提供抵押担保，办理相关抵押登记手续；

3. 连带第三方担保方式，即由黄龙电力承担信托受益支付的连带保证责任。

## 3. 信托融资的程序

（1）　前期准备工作

在我国，适合利用信托融资的项目通常需要符合如下标准：

● 经济效益较好。所选项目应属市场潜力大，成长性好，有稳定的收益的项目。

● 政策鼓励或扶持。所选项目应该符合国家的产业发展政策和地区发展政策，最好被列为国家或地方的重点工程，并且有具体的优惠政策扶持措施。

● 安全性高。所选项目应是现金流稳定，资金周转速度较快，还本付息能力强的项目。项目的风险可以量化分析，并可以通过防范措施将风险控制在可接受的范围内。

● 抵押担保原则。项目应向投资者列出明确的收益回报水平，并能对信托资金及收益提供抵押或担保措施。

符合条件的项目应详尽准备项目的相关资料文件，包括：

● 项目公司的有关法律文件，包括营业执照副本影印件、组织机构代码证书影印件、法定代表人身份证明和签字（原件和影印件）、公司章程等；

● 项目建议书及有关部门的批复文件；

● 可行性研究报告及批准文件；

● 项目建设资金筹解方案及落实资金来源的证明材料；

● 项目前期准备工作完成情况报告；

● 项目的生产经营计划、年度财务收支计划、流动资金补充计划和未来三年的盈利预测；

● 项目公司的财务资料，包括过往三年的资产负债表、损益表和现金流量表，项目公司的主要资产及负债情况，项目公司对外担保情况等。

选择合适的信托公司，是项目前期准备工作的核心环节，也是信托融资得以顺利实施的关键。项目公司应尽可能选择实力雄厚，管理规范，历史业绩良好的信托公司作为信托融资计划的合作伙伴。其中尤其需要重点考察信托公司是否具有丰富的客户资源和畅通的信托发行渠道，以及是否具有类似项目的成功经验。

(2) 信托业务流程

信托公司进场后，项目正式进入信托业务流程，其基本流程如下：

a. 信托公司对项目的可行性进行调研和论证；

b. 设计信托融资方案和信托产品；

c. 信托计划报银监会等主管部门审批备案；

d. 制作信托产品推介资料，并落实销售渠道和销售合作伙伴；

e. 信托产品的发行认购。

信托计划在发行认购完毕后，信托机构应按法律规定办理信托登记手续，然后将资金按信托文件约定管理运用信托财产。

(3) 核心文件

在信托融资过程中，信托合同和信托资金招募说明书是最重要的两个书面文件。

信托合同是信托关系当事双方（即委托人与受托人）签订的，设立信托关系并规定当事人权利义务关系的书面协议。



信托合同必须载明的事项包括：委托人、受托人的名称和住所；受益人或者受益人范围；信托目的；信托财产的范围、种类、金额；信托期限；信托财产的管理方式和受托人管理、运用和处分权限；信托财产管理、运用和处分的具体方法或安排；信托利益的计算，以及向受益人交付信托利益的时间和方法；信托财产税费的承担，其他费用的核算和支付方法；受托人报酬的计算方法、支付时间及方法；信托终止时信托财产的归属及处分方法；信托事务的公告；信托当事人的权利、义务；信托财产管理、运用的风险揭示；信托财产损失后的损失承担主体及承担方式；受托人辞任事项及新受托人的选任方式；信托当事人的违约责任及纠纷解决方式；信托资金招募说明书；信托当事人认为需要载明的其他事项。

信托资金招募说明书是信托公司开展集合资金信托业务必备的信托业务文件，其作用类似于股份公司发行股票时公开刊登的“股份有限公司招股说明书”，其法律效力与信托合同一致。

信托资金招募说明书的标题全称应为“××项目信托资金招募说明书”，主要内容包括：概述；信托产品名称；信托目的；信托规模；信托期限；项目介绍；信托资金的运用；信托受益；受益人的信托收益与受托人的信托报酬；信托财产的管理；风险揭示、风险的防范及风险的承担；信息披露；信托的终止及清算；税务处理；信托产品的认购；信托产品的推介期；信托受益权的转让；信托资金招募说明书的法律效力；信托投资公司简介；信托公司对说明书内容的真实性承担责任的申明。

### 案例 11　佛山市政府 50 亿城建资金信托项目

2009 年 3 月，佛山市政府、工商银行广东省分行、广东粤财信托有限公司正式推出“新市政项目信托理财计划”。这款募集规模为 50 亿元的信托产品由工商银行在全省范围内向个人投资者发售，佛山市财政则将募集资金按计划投入市政项目建设中。为了确保信托收益兑现，佛山市财政承诺将在未来两年内将该计划的还本付息列入当年财政预算。

(1) 引入银行降低风险

由于地方债规模有限，佛山借道信托为地方市政建设项目筹措资金，能有效缓解当前政府基建项目缺乏启动资金的状况，而财政承诺回购亦可降低社会资金介入大型基建项目的风险。

此前，其他省份也曾操作过类似的融资模式，而佛山此次的创新在于，在联手信托公司的同时，引入了工商银行。从整个融资渠道的结构而言，工商银行的介入将能够一定程度的降低类似项目的融资风险。粤财作为一个地方性的融资平台，单独由其来操作这样规模的融资，无论从专业度或者是信誉度来看，很难完全将风险覆盖。工商银行作为全国性的大行，在操作这一项目时必定会对信托资金的实际投放进行详尽的前期调研，并且由于工商银行还承担项目的后续贷款，因此周密的贷前调查也是必须的。借助工商银行的平台和信誉，此次信托的发行销售情况也十分理想。

(2) 地方、银行、投资者三赢

工商银行这一信托理财计划对投资者给出的年化收益率预期为 3.2%，

高于现行2.25%的一年期存款利率。而为了确保投资者顺利兑现投资收益，佛山市财政承诺将在未来两年内（产品期限分1年期和2年期）将该计划的还本付息列入当年财政预算，相当于由地方财政作出了担保。

而在佛山市财政方面，3.2%的资金使用成本亦较5.31%的一年期贷款基准利率下浮不少。即使佛山市财政将本次资金募集的各种费用进行加总，整体的资金成本也要较直接贷款低。而对工商银行来说，之所以选择信托理财计划的方式为佛山市提供项目建设资金，有多个方面的考虑。首先，2009年前两个月各家银行的信贷扩张都很迅猛，这对存量资金的消耗是非常大的，因此工商银行通过投行业务为客户提供融资，可以适当减轻信贷爆发式增长和资本金瓶颈之间的矛盾。除此之外，通过理财计划将一部分定存资金吸引过来，也将相对有效的降低商业银行的资金成本。

(3) 考验地方财政还款能力



尽管呈现的是一个三赢格局，但以佛山市2008年230亿元左右的财政一般性预算收入水平，在两年内消化50亿元信托资金的还本付息依然并不轻松。

由于信托计划的资金主要投向广佛轻轨和佛山市重点市政配套项目，这在考验地方政府对项目建设和运营的管理能力。需要对项目的整体运作风险进行周密考虑，才能够规避风险。如果风险控制得当，这样的资金募集方式是值得推广和鼓励的。

# 第十章 产业投资基金

基金作为一种重要的投融资手段和工具，已有一百多年的发展历史。1868 年，英国政府为了海外投资的需要，设立了“海外与殖民地政府信托”，被认为是世界上第一支公共投资基金。经过一百多年的发展，基金已经形成很多品种，总体规模巨大，并和银行、保险、信托并列现代金融体系的四大支柱之一。

## 1. 产业投资基金的概念

投资基金，是指以信托、契约或公司形式，通过发行基金凭证，将众多的社会闲置资金集中起来，形成一定规模的信托资产，并交由专门的管理机构进行投资管理，获得收益后由投资者按出资比例分享的一种投资工具。它具有两个根本属性：首先它是一种集合投资制度，通过将分散的社会资本集中起来，以获得资金的规模优势。其次，它具有明显的专家理财特征，由专业化的投资管理团队进行运营，有助于降低投资成本，控制投资风险，提高资金效率和投资收益。正因为具备这样的优势，基金工具日益获得资本市场的认同，并且取得了快速发展，衍生出诸多的门类。

产业投资基金是专指以非上市公司权益为投资对象的投资基金[①]，它既不同于实业投资者，通过企业利润分红获得长期收益；也不同于证券投资基金，根据证券价格的短期波动获取价差。而是把企业作为一种商品，通过买

① 和它相对的类别是证券投资基金，包括各种股票投资基金、债券投资基金、衍生金融产品投资基金以及对冲基金等。

进企业、经营企业和出售企业，来获取投资收益。

但是由于非上市公司权益的流动性不强，产业基金不可能随时买进抛出企业，只能通过投资企业的快速发展，并获得显著增值后，才可能退出。而企业的发展过程充满了各种不确定因素，经营风险很大，如果投资成功，企业爆发式增长，产业基金可能获取数倍甚至数十倍的收益。但是如果投资失败，企业停滞不前甚至破产，投资就可能血本无归。正因为这种高风险的特征，决定了产业投资基金具备以下一些基本特性：

a. 产业投资基金大都具有明确的行业方向，这是因为只有健康的行业环境才可能孕育快速发展的企业。同时，不同行业有不同的发展规律，管理团队必须了解行业规律，才可能正确的进行投资决策和投资管理，对不熟悉的行业领域进行投资，无异于盲目的冒险。

b. 产业基金具有一定的投资周期。这是因为企业的发展增值本身就需要一个相对漫长的过程，而产业基金在选择项目、投资准备和投资退出过程中还需要额外的时间，这就要求基金在每个项目上保持一定的投资时间，进而获得更大的资本升值，以覆盖整个投资过程中的资金成本。



c. 产业基金在投资前期的准备工作十分重要。由于非上市公司的信息披露不公开，产业投资基金必须对投资对象进行深入的了解和全面的尽职调查，才能真实全面的了解企业的实际状况，做出正确的投资决策。同时由于企业发展过程中存在诸多的不确定因素，因此基金在投资初期还要准备详尽的投资方案，对未来可能出现的各种不同状况做好准备，并形成完善的法律文件。

d. 产业投资基金会深入参与投资对象的经营管理。为了控制投资风险，获取更高的投资收益，产业基金在提供资金支持，并对企业进行日常监督外，还会为企业提供更多的服务和帮助，以支持企业稳步高速发展。其中包括委派有丰富行业经验的经营管理专家加入董事会，参加企业发展战略和长期规划的制定及其他重大事项的决策；协助企业调整组织结构，建立现代企业制度；向企业推荐高水平的营销、财务、法律等专业管理人员；为企业创造良好的资本环境等。

根据投资模式的不同，产业投资基金包括企业股权投资基金、基础设施投资基金和企业重组基金。企业股权投资基金一般针对处于发展中早期、具有显著竞争优势和良好发展前景的企业进行股权投资，然后推动企业快速发展并顺利上市，以获得高额的投资回报。基础设施投资基金一般投资于经济发展良好地区的经营性基础设施，在项目实现稳定的现金流回报后，通过资产证券化获得投资收益。企业重组基金的投资模式较多，通常是针对具有潜在价值的企业进行收购，然后对企业的资产和债务进行重组，再整体出售给其他战略投资者，以获取投资收益。

就投资方向而言，几乎每个行业类别都有专业化的投资基金，比如在企业股权投资中，有专门的数字新媒体基金（TMT）、新能源基金、新材料基金、医药科技基金等，在基础设施投资领域有专业的电力建设基金、通信建设基金、公路建设基金、民用航空事业建设基金等，各个基金严格按照各自的行业范围进行投资。

我国的产业投资基金已经有将近二十年的发展历程，目前市场上主要存在两类产业投资基金。一类是数量繁多的企业股权投资基金，在我国经济快速发展的大背景下，各个行业都涌现出一批高增长的领军企业，这吸引了大量外资企业股权投资基金来华投资，这也带动了本土股权投资基金的发展。在国内较活跃的股权投资基金包括 IDG、鼎晖、弘毅等。

另一类是由政府组织设立的，为了支持区域和产业发展而设立的产业投资基金。截至目前，国家发展和改革委员会一共批复了三批累计 14 支产业投资基金，包括：2006 年审批的渤海产业投资基金；2007 年审批的广东核电新能源基金、上海金融基金、山西能源基金、四川绵阳高科基金、中新高科技基金等五支基金；2008 年批复的华禹水务基金、东北装备工业基金、天津船舶基金和城市基础设施基金等四支基金。这些基金的规模都在 50 亿元至数百亿元之间。

### 2. 产业投资基金的组织形式

基金是一种集合投资、专家理财的投资模式，在出资人和投资管理人之间存在复杂的委托代理结构，因此基金的组织形式和治理结构决定了基金的运营方式和风险控制。目前在国际上，基金主要的组织形式包括三种：公司制，契约制和有限合伙制。

(1) 公司制基金

公司制基金是指出资者作为股东，发起组建股份制的有限责任公司。投资者作为公司股东，依法享有股东权利，并以其出资额为限对基金债务承担责任。公司股东会是基金的最高决策机构，公司董事会行使日常决策权。基金管理人作为公司聘请的高级管理人员或外部顾问，负责基金的投资事务。各国早期的投资基金基本都是公司制基金。



这种组织形式的主要优点是，公司制是一种成熟的制度安排，相关法律制度较为完善，基金各方对于该种组织形式也都比较熟悉，且由出资人组成的股东会作为基金的最高决策机构，有利于维护出资人的利益。

公司制最大的弊端是，通常基金是由很多投资人出资发起，势必导致股东会规模过大，对于许多重大决策的决策效率太低。而且出资人一般不具备专业的投资素质，很难对管理人的建议作出专业的判断。

而且公司制基金存在双重课税的负担，公司的投资收益在分配时，首先基金公司要缴纳企业所得税，然后分到投资者手中时还要再缴纳一遍个人所得税或企业所得税，这样就大幅降低了基金的实际投资收益。

(2) 契约制基金

契约制基金，也被称为信托型基金。契约型基金一般包括基金管理人、基金保管人和基金投资人三方。三方通过基金契约联系在一起，其中：基金管理人通过发行受益凭证将投资人的资金筹集起来组成信托财产，并负责投资管理工作；基金托管人负责保管信托财产，确保基金管理人在授权的范围内使用基金资产；投资者持有受益凭证，享有投资收益，受益人大会具有基金重大事项的决策权，通常包括基金清算以及撤换管理人和托管人等。

契约制的优势是：通过这种信托结构的安排，有效解决了出资人、管理人和保管人三者间的关系，既保证了基金管理人有相当的投资决策权，又使基金管理人的行为受到一定的监督和约束，有利于建立一个平衡而高效的管理制度安排。此外，契约制基金的募集上限不受限定，投资者还能避免双重课税。鉴于这些优点，目前契约制基金在英国、日本以及中国台湾地区比较盛行，我国目前的证券投资基金也基本采用契约制。

契约制基金的一个缺陷是，对于基金管理人的约束仅限于不得滥用投资管理权力，但是在基金管理人如何为投资人获取更高的投资回报和避免严重的投资风险方面，相关的激励和约束安排仍然不足，不能充分发挥投资管理人的主观能动性。

(3) 有限合伙制基金

有限合伙制基金由普通合伙人和有限合伙人组成，基金的主要出资人作为有限合伙人，承担基金的绝大部分出资（惯例为 99%），对基金的损失以出资额为限承担有限责任，并获取基金收益的大部分（惯例为 80%），有限合伙人不得参与基金管理。基金管理人作为普通合伙人，也承担基金的部分出资（惯例为 1%），对基金的亏损承担无限责任①，并获取基金收益的一部分（惯例为 20%），普通合伙人全权负责基金的投资管理。

有限合伙制在制度安排充分尊重了管理人的专业技能，给予了其非常完全的投资决策权，并且在收益分配上，给予其基金总利润的 20%，有利于激励其尽可能的提高基金的投资收益。与此同时，管理人也被要求出资，虽然在基金出资中的比例很低，但是对于管理人而言，可能是一笔很大的资产，同时由于管理人对于基金的亏损承担无限连带责任，要以全部的个人资产用于清偿基金债务，这又对其形成了很好的约束。避免其为了追求高额收

① 无限责任是指责任人以自己的全部财产承担的责任。

益，而采取激进和高风险的投资决策。

有限合伙制起源于美国，由于其对基金管理人有效的激励和约束安排，并且享有避免双重课税的优惠政策，因此在产业投资基金的实践中，取得了极大成功，目前已经发展成为美国私募基金的主流组织形式。

(4) 不同组织形式的比较

a. 税收地位

在我国目前的税收法律环境下，公司制基金在税收地位上，较有限合伙制和契约制基金处于不利地位。即便考虑到创业投资企业的税收优惠政策①，公司制基金的实际税负仍然可能高于其它两种形式的基金。

首先，公司制基金在获得投资收益时需要缴纳企业所得税，而有限合伙制和契约制基金则不是纳税主体，所得税仅由合伙人或受益人在获得分配时缴纳。在投资者存在减免和抵免（如历史亏损）的条件下，上述所得税的差异更为巨大。



此外，公司制基金可能需要缴纳营业税等与公司相关的税收，而有限合伙制和契约制基金则没有这类税负。

b. 资金募集

依照我国现行公司法，股东在公司注册成立时需要至少缴纳注册资本的20%，因此公司制基金在成立初期会有相对较大的现金头寸，并且对于后续资本金的到位时间也有明确的限制。而由于产业投资基金在成立之初，需要相当长的时间进行投资准备，在投资过程中也有很大的不确定性，因此必然造成资金的闲置和浪费。

我国的合伙企业法并没有关于注册资本的类似规定，合伙人的出资一般会在合伙协议中约定。这一特点使得合伙制基金可以很方便地实现承诺出资

① 2007年2月，国家税务总局发布了相关税收通知，允许创业投资企业按其对中小高新技术企业投资额的70%抵扣应纳税所得额。但是该优惠政策对被投资企业的资质进行了严格的限定，仅限于国务院发展和改革委员会准予备案的公司制创业投资基金，并不惠及所有创业投资企业，对于其他类型的产业基金也不适用。

制度。一般来说，合伙人初期会缴纳数额较小的出资额，用于维持基金的日常运营费用。在出现投资项目时，有限合伙人会依照基金管理人的要求及时出资到位。这种出资模式明显提高了资金的使用效率。

契约制基金也可以实施承诺出资制度。比如在每次需要出资时订立新的契约合同，但是这样效率较低，而且可能导致受益人的变化。另一个较为可行的方法是订立分期契约，在总额确定的前提下，投资者依照基金管理人的要求分期出资到位，但是也会涉及到受益凭证更换等具体工作，灵活性不如合伙制。

c. 资本退出

通常产业投资基金在一个项目成功结束后，就会对该项目用到的本金和收益进行分配，以使投资者获得较高的投资回报率。但是产业基金的出资形式也对资本退出产生重要影响。



我国《公司法》没有就公司回购股东权益事项作出规范，而有“股东不得抽逃出资”的规定。因而，公司制基金通过回购股东权益来实现资本退出的做法存在法律风险。而如果公司制基金以税后利润分配形式实现资本退出，则需要按照法律规定提取各项公积金，并缴纳相应的企业所得税。这就导致公司制基金必然出现项目已经结束，但是资金不能完全退出，只能在全部投资项目结束后，才能清算退出的问题，造成资金闲置，降低基金收益率。

我国《合伙企业法》规定，合伙人在合伙企业清算前不得请求分割合伙企业的财产，但并不禁止合伙企业派发利润。由于合伙企业本身不是纳税主体，因此有限合伙制基金可以以利润分配形式返还资本金及投资收益。资本退出手段较为灵活。

契约制基金通常是封闭运行的，因此在基金清算之前没有资本金返还的问题。如果基金在运营期间向投资者派发收益，其需要缴纳的税收应该与有限合伙制基金类似。

### 3. 产业投资基金的募集机制

根据基金募集方式的不同，可以将投资基金分为私募基金和公募基金两类。

所谓私募是指以非公开的方式向特定的法人或自然人发出要约以募集资金，也称为定向发行。发行对象通常是合格的机构投资者和个人投资者，有一定的专业知识和风险承受能力。由于基金募集范围比较小，因此对基金单位的金额要求会比较高，以便筹集足够的资金。私募基金的投资手段比较灵活，并且不需要向公众做特别的信息披露。

所谓公募，是指以公开形式向法人或自然人发行基金证券募集资金，也称为公开发行。基金可以通过报纸、网站以及电视电台等公共传媒向全社会公众公开发售，由投资者自由认购。公募基金发行范围大，基金单位的金额要求比较低，募集总规模一般比私募要大。但是因为公募基金的盈亏会影响较大范围的社会公众，因此日常操作都会受到监管部门监控，并且必须按照规定履行信息披露义务。



由于产业投资基金主要是以未上市公司为投资标的，因此很难准确评估其单位资产净值。为了不使公众投资者的利益受到损害，国外监管机构对产业投资基金的募集方式有严格的规定。例如，这类基金通常不能直接在中小投资者中公开募集，而只能以私募的方式在有专业知识和经验的机构投资者中募集，而且投资者需要有长期投资的心理准备。基金发起人必须在基金募集说明书中，对未来投资的行业方向和项目类别、投资周期和投资管理方式、投资退出机制、可能面临的风险及预期收益等问题作出明确的阐释。因为，国外产业投资基金的募集设立，主要是基于投资者与基金经理之间的相互了解和信任而达成的委托代理关系，在操作实务中，通常在基金管理人熟悉的社交圈内进行。

### 4. 产业投资基金的投资管理

产业投资基金的运作涉及到投资人、产业基金、基金管理人、被投资(项目）四方的利益，他们之间的关系如图 18 所示：

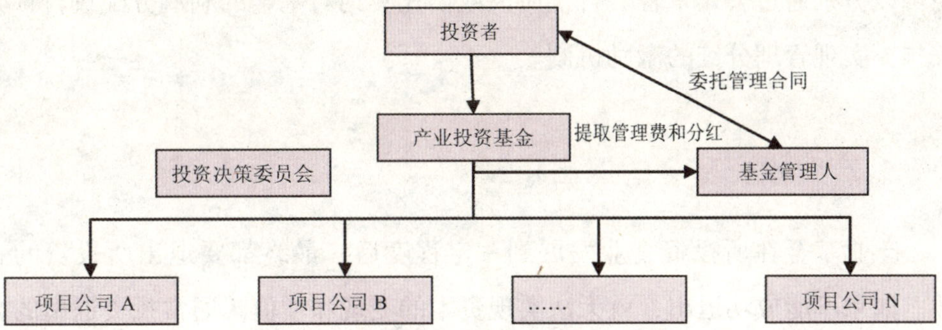


**图 18　产业投资基金典型运作模式**



投资人通过委托管理合同，将基金资产委托给基金管理人运营。基金管理人按照一定的判断标准，独立做出投资决策，并将产业基金投资到不同的项目中。有的基金也会设置投资决策委员会或者投资顾问委员会之类的附属机构，并邀请独立的专业人士担任顾问职务，以对基金管理人的投资决策作出进一步的审慎判断。

在确定投资项目后，通常由基金管理人代表基金参与对被投资项目的日常管理。最后通过被投资项目上市或被收购退出投资，实现基金资产增值。

基金的日常运营费用由基金管理人从基金管理费中列支，基金管理人通常按照基金规模的一定比例，如 1%—2%，每年年初从基金资产中扣除，用以覆盖基金运营过程中的各项办公成本和管理开支。

产业基金的投资收益高度依赖于基金管理人的表现，因此基金管理人的激励机制非常重要。激励通常是通过管理分红制度来实现的。基金绝大部分资本来自于基金管理人以外的投资者。但在分配利润时，基金管理人可以获得基金利润一定比例的分红，称为管理分红。管理分红可按基金总体利润来计算，也可按每个投资项目的利润单独计算。某些情况下，投资者会要求投资利润率必须超过一定的水平，比如当期的银行存款利率，这个利润率水平被称为“优先收益率”，也是基金的资金成本。只有超过优先收益率以上的部分，才计算管理分红。在中国目前的法律制度下，三种组织形式的产业基金可以分别通过公司章程、合伙协议或信托契约对基金的利润分配进行预先安排，实现管理分红的激励机制。

### 5. 产业投资基金的退出机制

产业基金在所投资企业发展到一定程度后，最终都要退出所投资的企业。如果不能成功退出，就无法实现资本的变现和增值。通常投资退出的方式有三种：通过所投资企业上市，将所持股份在证券市场上获利抛出；将所持股权转让给其他战略投资者；所投资企业对股权进行回购等。



(1) 首次公开上市（IPO）

通过 IPO，企业的股权能够实现很高的溢价，因此对于投资基金而言，同等条件下 IPO 是收益最高的退出方式。我国现行 IPO 发行审核制度强调企业过去的经营业绩和盈利能力等硬性指标，并不注重企业的研究开发能力、科技含量和成长潜力等软性指标。而且我国主管部门对 IPO 的审批手续繁杂，上市周期长，上市指标也比较少，因此实际通过这种方式退出的产业基金并不多。2009 年 10 月，深圳证券交易所设立创业板，创业板的设立能够给大量高成长性的企业提供上市机会，满足部分产业基金的退出需求。但是，政府为了控制证券市场风险，目前我国创业板市场上市要求仍然非常严格，创业板市场仍远不能满足大量成长性创业企业的融资需求。

(2) 产权交易市场

我国的产权交易市场具有门槛低、交易灵活、成交量大的特点。经过多年的实践，产权市场在挂牌转让、信息披露等方面形成了一套有效的市场化运营体系。实际上，大部分的产业基金将所持投资项目的股权出售给行业内的领先企业或其他的战略投资者来实现退出，而这种方式有相当一部分是在产权交易市场完成的。

(3) 管理层回购

产业投资基金还可以选择通过企业回购基金所持股份的方式，将所持股权转让给企业的管理层（MBO）和员工（EMBO）。这多出现在被投资企业发展良好，企业内部人员对企业的发展充满信心的情况下。

(4) 企业清算

产业基金的投资存在一定风险，并不是所有投资项目都会取得成功。当投资项目明显遭遇发展瓶颈而且已经无法克服时，基金应果断退出投资。在所持股权无法出让变现时，产业基金只能要求被投资企业进行清算来收回投资，以避免更大损失。



**法规2 《产业投资基金管理暂行办法》**

## 第一章 总 则

**第一条** 为深化投融资体制改革，促进产业升级和经济结构调整，规范产业投资基金的设立、运作与监管，保护基金当事人的合法权益，制定本办法。

**第二条** 本办法所称产业投资基金（以下简称产业基金或基金），是指一种对未上市企业进行股权投资和提供经营管理服务的利益共享、风险共担的集合投资制度，即通过向多数投资者发行基金份额设立基金公司，由基金公里自任基金管理人或另行委托基金管理人管理基金资产，委托基金托管人托管基金资产，从事创业投资、企业重组投资和基础设施投资等实业投资。

**第三条** 产业基金实行专业化管理。按投资领域的不同，相应分为创业投资基金、企业重组投资基金、基础设施投资基金等类别。

**第四条** 凡在中国境内从事产业基金业务以及与该业务相关活动的自然人、法人和其它组织，均遵守本办法。

## 第二章 基金的发起与设立

**第五条** 设立产业基金须经国家发展计划委员会核准。

**第六条** 设立产业基金，应当具备下列条件：

（一）基金拟投资方向符合国家产业政策；

（二）发起人须具备3年以上产业投资或相关业务经验，在提出申请前3年内持续保护良好财务状况，未受到过有关主管机关或者司法机构的重大处罚。

（三）法人作为发起人，除产业基金管理公司和产业基金管理合伙公司外，每个发起人的实收资本不少于2亿元；自然人作为发起人，每个发起人的个人净资产不少于100万元；



（四）管理机关规定的其他条件。

**第七条** 申请设立产业基金；发起人应当向管理机关提交下列文件和资料：

（一）申请报告；

（二）拟投资企业与项目的基本情况；

（三）发起人名单及发起设立产业基金协议；

（四）经会计师事务所审计的最近三年的财务报告；

（五）律师事务所出具的法律意见书；

（六）招募说明书、基金公司章程、委托管理协议和委托保管协议；

（七）具有管理机关认可的从事相关业务资格的会计师事务所、律师事务所及其他中介机构或人员接受委任的函件；

（八）管理机关要求提供的其它文件。

前款所称招募说明书、基金公司章程、委托管理协议和委托保管协议的内容与格式，另行规定。

**第八条** 设立产业基金的申请经管理机关核准后，方可进行募集工作。

**第九条** 产业基金只能向确定的投资者发行基金份额。

在募集过程中，发起人须让投资者获翻招募说明书内容并签署认购承诺书，投资者签署的认购承诺书经管理机关核准后方可向投资者发行基金份额。投资者数目不得多于200人。

**第十条** 产业基金拟募集规模不低于1亿元。

**第十一条** 投资者所承诺的资金可以分三期到位，但首期到位资金不得低于基金拟募集规则的50%。否则，该基金不能成立，发起人须承担募集费用，并将已募集的资金加计银行活期存款利息在30天以内退还给认购人。

**第十二条** 投资者承诺资金到位后，须在10个工作日以内经法定的验资机构验资；向工商管理机构申请注册并报管理机关备案。

**第十三条** 产业基金须按封闭式设立，即事先确定发行总额和存续期限，在存续期内基金份额不得赎回，只能转让。产业基金存续期限不得短于10年，不得长于15年。但是因管理不善或其它原因，经基金公司股东大会（股东会）批准和管理机关核准提前终止者，以及经基金公司股东大会（股东会）批准和管理机关核准可以续期者除外。

**第十四条** 产业基金扩募和续期，应具备下列条件，经管理机关核准：

（一）最近三年内年收益率持续超过同业平均水平；

（二）最近三年内无重大违法、违规行为；

（三）股东大会（股东会）同意扩募或续期；

（四）管理机关规定的其他条件。

申请扩募和续期应当按照管理机关的要求提交有关文件。

## 第三章 基金公司

**第十五条** 基金公司的最高权力机构是股工大会（股东会），其常设机构为基金公司董事会。

基金公司董事会须由三名以上有投票权的执行董事，其中须有二分之一以上的执行董事与基金管理人的发起人在行政上保持独立。

**第十六条** 基金公司股东享有下列权利：

（一）出席或委派代表出席股东大会（股东会）；

（二）监督基金运营情况，并获悉基金业务及财务状况的资料；

（三）合法转让和扩募时优先申购基金份额；

（四）取得基金收益和基金清算后的剩余资产；

（五）优先收购基金转让的项目；

（六）基金公司章程规定的其它权利。

**第十七条** 基金公司股东须履行下列义务：

（一）遵守基金公司章程和相关的法律法规；

（二）交纳基金认购款项及规定的费用；

（三）承担基金亏损和终止的有限责任；

（四）不从事任何有损基金利益的活动。

**第十八条** 发生下列情况之一时，须召开股东大会（股东会）：

（一）审议基金公司董事会提出的基金分配方案；

（二）修改基金公司章程；

（三）提前终止基金或基金扩募、续期；

（四）更换基金公司董事会董事；

（五）更换基金管理人；

（六）更换基金托管人；

（七）管理机关规定的其它情形。

前款事项；经股东大会（股东会）作出决议后，应当报管理机关备案。

**第十九条** 基金公司董事会行使下列职权：

（一）负责召集股东大会（股东会），并向股东大会（股东会）报告工作；

（二）执行股东大会（股东会）的各项决议；

（三）委任和监督基金管理人、基金托管人；

（四）委任和监督基金律师、基金会计师；

（五）制定基金投资原则与投资战略并审查批准基金管理人的投资方案；

（六）在基金终止时与基金管理人、基金托管人、基金律师、基金会计师共同组织清算小组对基金资产进行清算；

（七）基金公司章程规定的其它职责。

## 第四章　基金管理人

**第二十条**　受托担任产业基金管理人，应当具备下列条件：

（一）经国家发展计划委员会核准依法设立的产业基金管理公司或产业基金管理合伙公司；

（二）与产业基金公司、产业基金托管人在行政上、财务上相互独立；

（三）建立有健全的内部风险控制机制；

（四）最近三年内未曾有过不良管理业绩或受过管理机关、司法机构的重大处罚；

（五）管理机关要求的其它条件。

产业基金公司自任基金管理人的，须符合本条（三）、（五）款和第二十一条（三）、（四）、（五）款条件，且董事与高级经理之间不得相互兼职。

**第二十一条**　申请设立产业基金管理公司或产业基金管理合伙公司，应当具备下列条件：

（一）发起人须具备产业基金发起人各项条件；

（二）拟设立的产业基金管理公司或产业基金管理合伙公司的最低实收资本不少于1000万元；

（三）有足够的具备项目投资、企业管理和资本运营经验的专业人员，其中高级管理人员须具有大学本科以上学历和五年以上相关管理经验，未曾担任因经营不善破产清算的公司、企业的董事或厂长、经理，并对该公司、企业的破产负有直接责任；

（四）有明确可行的基金管理计划；

（五）管理机关规定的其他条件。

**第二十二条** 产业基金管理公司或产业基金管理合伙公司只能从事下列业务：

（一）发起和管理产业基金；

（二）投资咨询业务。

**第二十三条** 基金管理人须履行下列职责：

（一）制定投资方案，经基金公司董事会批准后实施投资，并对所投资企业进行监督和参与管理；

（二）定期编制基金财务报告，经基金托管人复核，注册会计师审核后向基金公司董事会和管理机关报告；

（三）保存基金所有的会计账册、记录20年以上；

（四）及时、足额向基金公司股东支付基金收益，并在基金终止时，参与清算小组对基金资产进行清算，将全部剩余资产分配给基金公司股东；

（五）基金公司章程规定的其它职责。

**第二十四条** 基金管理人须将所管理的基金资产与其自有资产严格分开，并对所管理的不同基金分账管理、分账核算。

**第二十五条** 有下列情况之一者，经管理机关核准，基金管理人须退任：

（一）基金管理人清算、破产或由接管人接管其资产的；

（二）基金公司董事会有充足理由认为更换基金管理人符合基金公司股东利益并经基金公司股东大会（股东会）批准的；

（三）代表50%以上基金份额的股东要求基金管理人退任的；

（四）管理机关有充分理由认为基金管理人不能继续履行管理职责的。

**第二十六条** 基金管理人因前条所列情况需退任时，基金公司董事会应提出新任基金管理人名单。新任基金管理人经管理机关认可后，原任基金管理人方可退任。原任基金管理人管理的基金无新任基金管理人接任的，该基金应当终止。

## 第五章 基金托管人

**第二十七条** 受托担任产业基金托管人应当具备下列条件：

（一）经国家发展计划委员会和中国人民银行核准可以担任产业基金托管人的商业银行或专业性托管机构；

（二）经营作风稳健，经营行为规范，在提出申请前三年保持良好财务状况，未受过主管机关或司法机构的重大处罚；

（三）设有专门的基金托管部并具有足够的熟悉托管业务的专职人员；

（四）设有资产评估部门并具有项目监督能力；

（五）具备高效的清算、交割能力。

**第二十八条** 产业基金托管人须履行下列职责：

（一）安全保管所托管基金的全部资产；

（二）执行基金管理人发出的投资指令，负责基金名下的资金往来；

（三）监督基金管理人的投资运作，发现基金管理人的投资指令违反国家法律法规或基金公司章程的，不予执行并及时通知基金管理人和向基金公司董事会报告；对已经造成违反国家法律法规的投资行为，应及时向管理机关报告；

（四）复核、审查基金管理人计算的基金资产净值；

（五）出具基金业绩报告，陈述基金托管情况；并向基金公司董事会和管理机关报告；

（六）托管协议、基金公司章程规定的其它职责。

**第二十九条** 基金托管人须将所托管的基金资产与其自有资产严格分

开，对不同基金分别设置账户，实行分账管理。

**第三十条** 有下列情况之一的；经管理机关核准，基金托管人须退任：

（一）基金托管人清算、破产或由接管人接管其所托管资产；

（二）基金公司董事会有充分理由认为更换基金托管人符合基金公司股东利益；

（三）代表50%以上基金份额的股东要求更换基金托管人；

（四）管理机关有充分理由认为基金托管人不能继续履行托管职责的。

**第三十一条** 基金托管人因前条所外情况需退任时，基金公司董事会应提出新任基金托管人名单。新任基金托管人经管理机关认可后，原任基金托管人方可退任。原任基金托管人托管的基金无新任基金托管人接任的，该基金应当终止。

## 第六章 投资运作与监督管理

**第三十二条** 产业基金在正式成立之前，投资者的认购款项只能存于商业银行，不得动用。

**第三十三条** 产业基金只能投资于未上市企业，其中投资于基金名称所体现的投资领域的比例不低于基金资产总值的60%，投资过程中的闲散资金只能存于银行或用于购买国债金融债券等有价证券。但是所投资企业上市后基金所持份额的未转让部分及其增资配股部分不在此限。

**第三十四条** 产业基金对单个企业的投资数额不得超过基金资产总值的20%。以普通股形式投资时，对所投资企业的股权比例，以足以参与所投资企业决策（至少在董事会中拥有一个董事席位）为最低限。

**第三十五条** 产业基金不得投资于承担无限责任的企业。

对关连人进行投资，其投资决策应实行关连方回避制度，并经三分之二以上非关连方董事表决通过。

**第三十六条** 产业基金不得从事下列业务：

（一）贷款业务、资金拆借业务；

（二）期货交易；

（三）抵押和担保业务；

（四）管理机关禁止从事的其它业务。

**第三十七条**　产业基金可以以基金公司名义负债，但基金的资产负债率不得超过50%。

**第三十八条**　产业基金所投资企业上市后，基金所持份额可以在该企业上市一年后在所上市的交易所转让，但每个交易日转让份额不得超过该上市企业总流通份额的2%。

**第三十九条**　产业基金实行投资自主决策制度，但须在每个季度结束后的10个工作日内将所投资的每一个项目向管理机关报告备案。

**第四十条**　基金收益构成、分配方式，以及基金管理费、托管费和对管理人的业绩奖励等其它需要由基金承担的有关费用标准须经由管理机关核准并在招募说明书、基金公司章程、委托管理协议和托管协议中订明。

**第四十一条**　基金管理人应及时向基金公司董事会和管理机关报告基金运行过程中出现的重大事件。定期向基金公司董事会和管理机关提交基金财务报告。在每半年终了后三个月内提交中期财务报告，在每一会计年度终了后的六个月内提交年度财务报告。

财务报告的具体内容和格式另行制订。

**第四十二条**　管理机关随时对产业基金的募集、设立、投资运作以及相关的业务活动和财务会计资料进行检查、稽核，有关机构和人员不得以任何理由阻挠和拒绝提供有关材料或提供虚假、不实或不详的材料。

## 第七章　终止与清算

**第四十三条**　出现下种情况之一时，产业基金须终止并清算：

（一）基金封闭期满未被核准续期；

（二）代表50%以上基金份额的股东要求终止基金，并经股东大会（股东会）决议通过；

（三）基金发生重大亏损，无力继续经营；

（四）因出现重大违法违规行为，基金被管理机关责令终止；

（五）原任基金管理人须退任而无新任基金管理人接任或原任基金托管人须退任而无新任基金托管人接任。

**第四十四条** 产业基金终止时，须组织清算小组；在管理机关的监督下，对基金资产进行清算。清算结果经注册会计师、律师鉴证并报管理机关核准。

**第四十五条** 产业基金清算后的全部剩余资产按股东持有份额比例分配。

## 第八章 罚 则



**第四十六条** 未经核准，擅自募集与设立产业基金的，以及提供虚假材料骗取批准设立产业基金的，由管理机关予以取缔和责令退还所募集资金及其利息，并视情节轻重对其处以300万元以下罚款，追究其主要负责人的行政责任。

**第四十七条** 招募说明书有任何虚假成份，或发起人拒绝提供与投资风险有关的任何材料的，由管理机关责令发起人及其主要负责人承担由此导致的直接损失。

**第四十八条** 未经批准，擅自设立产业基金管理公司或产业基金管理合伙公司和受托管理产业基金的，由管理机关予以取缔；没收非法所得，并处以100万元罚款。

未经核准，擅自从事产业基金托管业务的，由管理机关责令其停止托管业务，没收非法所得，并处以100万元以下罚款。

**第四十九条** 基金托管人未按照规定将其托管的基金资产与基金托管人的资产分开，或者未对其所托管的多家基金的资产实行分账管理的，责令改正，没收违法所得，并处以违法所得1倍以上5倍以下的罚款。

**第五十条**　对违反第三章任何一条规定，侵害股东权利的当事人，由管理机关责令其在10个工作日以内改正，并处以200万元以下罚款。

**第五十一条**　对违反第六章投资运作限制任何一条规定的基金公司、基金管理人与基金托管人，由管理机关限其在10个工作日以内改正；没收违法所得，并处以非法所得2倍以上5倍以下罚款。逾期不改者，责令停业整顿。

**第五十二条**　基金管理人、基金托管人等违反经管理机关核准的有关费用规定，擅自提高收费标准，由管理机关责令其改正，没收非法所得，并处以非法所得1倍以上5倍以下罚款。

**第五十三条**　基金管理人、基金托管人等不履行职责或营私舞弊造成基金损失的，由管理机关责令其在10天内赔偿损失，并处以损失额2倍以上10倍以下罚款；情节严重的责令停业整顿，直至取消其从业资格。

**第五十四条**　基金管理人、基金托管人等不履行呈报义务，不提供或拖延提供有关情况和资料，以及拒绝和阻挠管理机关的检查、稽核的，由管理机关责令其纠正。情节严重的，予以警告、通报，直至取消其从业资格。

**第五十五条**　违反其它相关法律与法规的，按相应法律、法规的有关条款予以处罚。

## 第九章　附　则

**第五十六条**　本办法由国家发展计划委员会负责解释。

**第五十七条**　本办法自公布之日起生效。

## 案例12　渤海产业基金

2006年底，我国第一支由发改委审批的大型产业投资基金——渤海产业基金正式批准成立，从而揭开了我国设立大型产业投资基金，以扶持战略产业和重点区域发展的大幕。在渤海产业基金的设计和设立过程中，对于这种新的投资工具进行了大量的探索和尝试，给我们留下了众多的有益经验。

（1）渤海产业基金的组织形式

渤海产业基金最初由天津市人民政府筹建，天津市政府专门成立了渤海产业基金筹备领导小组，组长为天津市政府副秘书长陈宗盛。由于产业基金需经过国家发展与改革委员会的审批，因此，国家发展与改革委员会成为联席发起人。公开资料显示，渤海产业基金的首批发起人（也就是出资人）为：全国社会保障基金理事会、国家开发银行、国家邮政储汇局、天津市津能投资有限公司、中国人寿保险（集团公司和股份公司）、中银集团、渤海产业投资基金管理公司等机构。由于这种发起人背景，渤海产业基金具有明显的政府主导色彩。

由于渤海产业基金是新事物，市场中并不存在业绩卓越的基金管理公司，成立任务也比较紧迫，因此筹备组只能一边寻找投资人，一边筹划设立基金管理公司，同时设计基金的内部组织形式和治理结构。

最终，渤海产业基金选择了契约型组织形式，即投资人不成立公司，而是凭借协议把各个投资人的资金集合起来，再委托渤海产业基金管理公司进行管理。但是渤海产业基金管理公司并不是一个独立的受托人，实际上管理公司的股东正是由投资人组成。因此，应该说渤海基金的组织形式是一种混合形态，兼具契约型和公司型的特征。

（2）渤海产业投资基金的融资方式

渤海产业基金的设计规模为200亿元，这在当时是除了国家主权投资基金之外，国内最大的产业投资基金。

渤海产业基金以封闭方式运作，存续期为15年，融资分两步进行，首期募集50亿元—60亿元，采用私募发行方式，募集对象主要是具有强大实力和一定投资管理经验的国有控股企业和金融机构，在募集过程中实行承诺制。二期募集140亿元—150亿元资金，在渤海基金运作一定时期、实现良好业绩之后，后续资金将探索普通投资者参与认购的公募发行方式。

公开资料显示，渤海产业基金首期募集基金规模为60.8亿元人民币，首期投资者清一色具有国有背景。其中：全国社保基金理事会、国家开发银行、国家邮政储汇局、天津市津能投资公司分别投资认购基金10亿元，中国人寿保险（集团）公司、中国人寿保险股份公司分别认购5亿元；渤海产业投资基金管理公司首期认购0.8亿元；中银集团投资公司作为境外发起人以港币首期认购相当人民币10亿元的基金。

(3) 渤海产业投资基金的管理机制

渤海产业基金委托渤海产业投资基金管理公司运作管理，基金资产由交通银行托管。

基金管理公司注册资本2亿元，第一期实到1亿元，两年内缴清注册资本。第一、第二大股东中银国际控股有限公司、天津泰达投资控股有限公司分别持有48%、22%股份，全国社会保障基金理事会、国家开发银行、国家邮政储汇局、天津津能投资公司、中银集团投资公司各占5%；中国人寿保险（集团）公司、中国人寿保险股份公司各占2.5%，董事长由中国银行行长、中银国际控股公司董事长李礼辉担任。

渤海产业基金建立了较为专业的管理团队和完善的内部管理制度。由香港人士欧巍担任基金管理公司总裁，并设立了独立的五人决策委员会。渤海基金管理公司在管理团队的选聘上注重实际操作经验，特别是国外工作经验，并参照国外基金管理公司的模式建立了薪酬体系、绩效考核体系等。另外，在基金管理公司内部专门设置了咨询队伍和审计人员，建立监督监管机制。

但是在基金管理过程中，基金投资人参与基金管理的痕迹明显。基金出资人与基金管理公司之间除了信托关系外，基金出资人还要作为基金管理公司的股东，参与基金管理公司的重大决策。这种制度或许可以视为渤海产业基金在中国国情下的制度创新：在信任缺失条件下，让各家投资人作为基金管理公司的小股东，并参加管理公司的董事会，能对基金公司的投资享有知情权，这可以使得中国的现实情况与国外的基金市场规则有机结合。

(4) 渤海产业投资基金的投资方向

在渤海基金设立之初，基金发起人对渤海产业基金的行业投向并未有明确要求，但明确要求投资天津滨海新区的比例不低于50%，投资环渤海经济区的比例不低于70%，5年内预计投资60亿元。

根据国家的产业政策和滨海新区的功能定位，渤海基金的投资方向大致是渤海新区的金融商贸业、高新技术、现代冶金、空港物流、海洋及循环经济、海港物流、化学工业和休闲旅游等七大产业。渤海基金初步计划将资金按5:3:2的比例，投资于天津、环渤海地区和国内其他地区。



从中可以看出，该基金的投资方向具有明显的地域特点，而且我们在此后获批的13支基金中，也都可以发现明显的地域色彩或行业色彩。产业投资基金的这种政策性特征，有利于积极推动地域经济和行业发展。但是另一方面也会对基金的投资起到较强的制约作用，其市场化运作程度会在一定程度上受到限制。

(5) 渤海产业投资基金的投资策略

渤海基金的股权投资目标包括普通股、优先股、可转换优先股份、可转换债券等，非股权投资将按照有关规定购买政府证券、金融债券和其他固定收益债券等。

为控制投资风险，渤海基金对民营企业的投资或担保金额，不超过基金资产总值的10%；对单个投资企业的占股比例，控制在10%—49%，单个项目投资期拟为3—7年。

渤海产业基金运营的首年共进行了三笔投资。2007年11月2日，渤海产业基金以战略投资者身份以15亿元收购天津钢管投资控股有限公司持有的天津钢管集团不到20%的股份；2007年11月22日，渤海产业投资基金入股成都市商业银行股份公司，以9亿元购买成都商业银行近9.23%的股权；2007年11月份，渤海产业基金完成对泰阳证券的尽职调查，决定出资12亿元入股泰阳证券，占泰阳证券总股份的14.29%。

从以上实际投资或已经达成投资意向的36亿元投资项目看，渤海产业基金并没有按照设定的投资计划投资于渤海新区的七大战略支柱产业。除天津钢管属于滨海新区的重工业外，成都商业银行和泰阳证券均不属于以上投资范畴。而在企业发展阶段选择上，也比较倾向于成熟企业，而不是创业期的企业。

# 第十一章　地方投融资平台建设

## 1. 地方投融资平台的概念

所谓地方投融资平台，是指地方政府通过划拨土地，注人优质资产、国企股权等方式，组建一个资产规模和财务状况达到融资标准的公司。该公司以地方财政对公司的注资、特许受益权、补贴，甚至偿债基金等作为保证，通过向银行贷款或发行企业债券等方式融入资金，并将其投向市政基础设施建设、公用事业、公益性项目等。此类公司名称各异，通常有城建投资公司、城建开发公司、资产经营管理公司、基础设施投资公司等。



在传统的计划经济体制下，政府是基础设施的直接供给者。基础设施投资实行的是政府大一统的管理体制，无论是规划设计、资金筹集、还是项目运营管理，均由政府总包总揽。这种传统做法在长期实践中暴露出两个显著弊端，一是由于受到法律等因素的制约，地方政府的融资渠道比较有限，仅依靠有限的财政实力，无法承担基础设施建设的巨额资金投入，导致我国公用基础设施的建设一直处于供应不足的状态。另一方面，地方的财政性建设支出基本上由各主管部门分别安排和管理，财政只负责安排资金，往往缺乏项目投资建设上的统筹安排，更缺少资金使用过程中的有效监督和跟踪管理，造成政府财政性资金使用分散、建设不配套、投资浪费严重等问题。因此需要有一个能独立行使民事责任的法人主体，既能进行市场化的融资，又能对公共项目进行统筹的安排和管理，这就产生了地方投融资平台。

从性质上讲，地方投融资平台是代表地方政府从事市政公共投资的投资主体，是具有独立法人资格、专职经营和管理公共基础设施投资及地方国有资产的国有独资公司。其主要职能包括：

● 负责市财政预算内、预算外建设性支出的具体安排和使用，作为政府投资主体以全资、参股或控股等不同模式对公共设施项目进行具体的投资与管理；

● 代表政府以公司法人的身份对外募集建设资金；

● 根据市政府委托，具体负责市属国有资产（以公共设施为主）的经营和管理。

地方投融资平台自出现以来，显示出了强大的融资能力。其作为独立的公司法人，可以通过发行股票和城投债、申请银行贷款、与私人资本参股合作等方式获得多元化的资金，满足地方政府的融资需求，解决地方政府因不能直接负债而缺乏建设和发展资金的问题，有效拓展了公用设施建设的资金来源。

同时，由平台公司将政府安排的财政性建设支出统管起来，并进行专职的经营和管理，将有助于消除体制中存在的财政资金分散安排、市政建设部门分割、政府投资缺乏有效跟踪管理等种种弊端，提高财政投资的使用效率。



此外，以投融资平台公司作为公共建设项目的投资和经营主体，有利于将基础设施存量资产推向市场，通过资产证券化、抵押债券、股权出让、特许经营权出让等方式，促进公共项目参与主体的多元化，盘活基础设施存量资产，促进国有资产保值增值。

从世界各国的发展经验看，这种由政府授权，并代表政府进行公共项目投资、建设和管理的法人主体，对于发挥市场机制促进本国本地区的公共项目建设，都发挥了非常积极的作用。

### 2. 地方投融资平台的设立

投融资平台的设立，使得政府不必直接涉足公共建设项目的投资、建设、运营及日常维护等具体活动，而转变为以授权公司为主体，运用市场化机制配置资源，有助于各种经济成分、不同经营类型的企业参与公用设施的投资建设和经营，最终形成以企业为主体开展公共设施经营的新模式。

地方投融资平台作为国有独资公司，其设立应符合《中华人民共和国公司法》，并按照相关工商管理规定办理注册登记手续。

平台公司可以采取新建模式，也可以对已有的市政投资公司进行合并重组。如果是新建，公司资本金全部由市财政提供，主要来自财政每年安排的用于城建项目的建设性支出。此外，包括土地使用权、地方优质国有资产、国有企业股权等，都可以作为出资。如果是合并重组，公司资本金除了将已形成的国有资产划转外，财政也可以拨付一部分。公司的资本金规模主要视地方财力和未来的筹资规模而定。

平台公司应当建立现代化的企业制度和内部治理结构。公司应设立董事会，主要负责公司重大事项的经营决策。设立监事会，负责公司的日常管理监督。公司董事长、监事会主席可由市领导兼任，董事会、监事会成员可由市政府有关部门主要负责人和专业人士兼任。公司总经理和副总经理作为公司专职管理人员，由董事会从政府有关部门或面向社会选聘，主要负责公司的具体经营与管理。公司其他管理人员可从政府有关部门选派，主要是那些熟悉投资、工程管理和财务等方面的专业人员。



平台公司的内部组织结构较为灵活，主要取决于平台公司的具体职能需要，较为重要的职能部门包括计划财务部、项目审查部、项目施工管理部、稽审部等。计划财务部主要负责公司的资金筹措、调度与财务核算；项目审查部主要负责项目的立项、审查与招投标；项目施工管理部主要负责具体项目施工过程的组织与管理；稽审部主要负责公司内部财务和项目财务的审计监督。

如果公司规模较大、业务范围较宽，则可实行总—分公司制。总公司主要行使管理和协调职能，并统筹各项业务的融资、财务管理、项目审查和审计监督等。总公司下按行业或业务性质分设若干分公司或子公司，分公司或子公司主要负责具体项目的工程管理和运营维护。

### 3. 地方投融资平台的运作

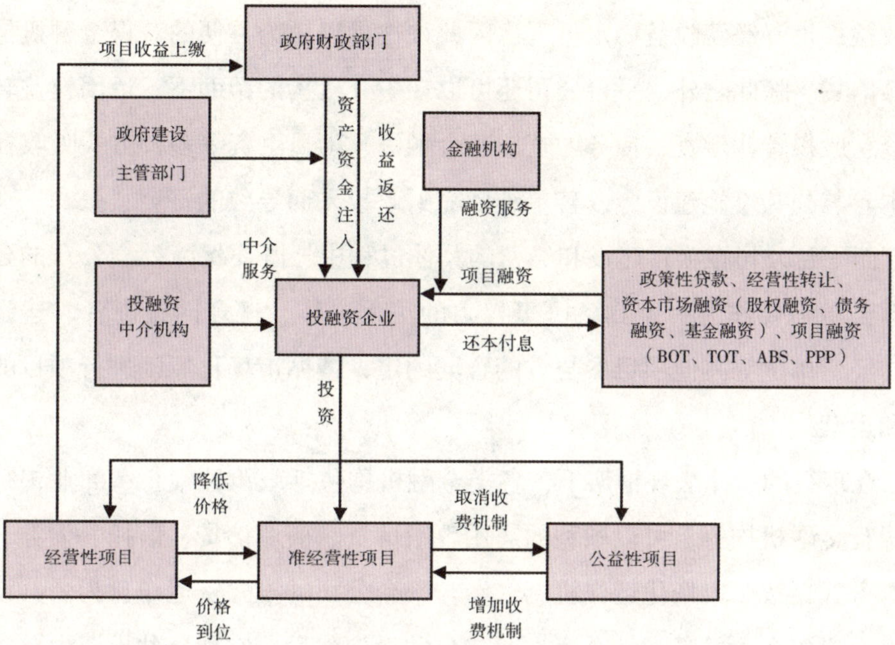


图 19　投融资公司运作模型



政府是投融资平台公司的发起人。政府通过注入资产，委托授权等方式，支持投融资平台公司的运作。政府注入的资金和资产一般包括地方财政的建设性资金、国家划拨的专项国债资金和建设资金，地方的土地储备、以及一些已形成的基础设施存量资产等。不同地区还会对投融资平台的施工营业税、所得税等税收和一些相关费用进行返还。对于一些属于非经营性的不能自负盈亏的项目，政府还会从财政中给予补贴支持。

另一方面，地方国资委或建设主管部门作为出资人代表，对投融资平台公司的运作进行管理，主要是根据城市的发展规划，对平台公司的业务方向和业务目标进行指导。在这一过程中，政府开始实现由公共设施的直接供给者向城市规划的设计者与城市建设的宏观调控者的过渡。

平台公司代表政府的投资意志，它接受政府的委托，对公共建设项目进行投融资管理，并经政府授权，享有公共设施的运营受益权。

由于平台公司的资产总量普遍较大，项目大都具有显著的社会效益和经济效益，投资经营收益稳定可观，因此往往可以较为方便的获得金融机构的巨额信贷。除此之外，平台公司还可以在中介机构的帮助下，运用权益转让融资、股权转让融资、债务融资、基金融资、项目融资等多种方式吸收社会资本参与公共设施建设，改善单纯依靠财政投入而导致的资金紧张。

而平台公司在项目建设和经营的具体过程中，既要保障社会公众的公共利益，更需要作为一个具备民事权力的法人主体，遵守同投资者、建设单位、经营单位等其他项目参与方的合同约定，遵循市场化原则进行项目的建设和运营。

在现行的法律法规框架下，各类金融机构包括政策性银行、商业银行和非银行金融机构等，可以顺利的运用政策信贷、商业信贷、信托、债券、股票等方式，按照市场化运作机制，参与平台公司的投融资运作，为公共设施建设提供资金，并吸纳社会资本参与公共设施建设，实现公共投资由单一的政府行为向多元化投资过渡。



财务顾问公司、会计师事务所、审计师事务所、律师事务所、资金和资信评估机构、信息服务机构、项目监理机构等中介服务机构，也可以根据市场化机制，为平台公司提供各种中介服务。

## 案例13　重庆市建设地方投融资平台的经验

我国地方投融资平台存在的历史较短，在具体的实践过程中出现了不少问题。在2008年国际金融危机中，中央政府宣布4万亿元投资计划，并要求地方政府提供配套资金，使得地方投融资平台承担了更为艰巨的融资任务，同时也加深了人们对于地方投融资平台债务问题的关注。规范地方投融资平台建设，降低平台公司的金融风险，已经成为关乎我国金融安全和经济稳定的重大问题。

伴随着我国地方投融资体制改革的深入，近几年我国一些地区就地方投融资平台的建设进行了大量有益的尝试，一些地区取得了显著的成绩，积累了丰富的经验。其中，重庆市的一些经验具有非常典型的意义，值得各地政府学习借鉴。

1. 重庆市的基础设施建设情况

从基础设施的拥有量来看，重庆市的基础设施建设还很落后。2005年重庆市发电量仅占全国发电量的0.93%，人均年用电量仅为全国平均水平的3/5。城市用水普及率、人均拥有道路面积、人均拥有公共绿地分别相当于全国平均水平的87.14%、60.80%和63.88%。距离另外三个直辖市北京、上海、天津的水平差距非常大，甚至与四川省、云南省等西部省市相比都有较大差距。

近年来，重庆市的基础设施建设投资额增长很快。1997—2005年重庆市固定资产投资总额年平均增长20.8%，其中基本建设投资额年平均增长31.5%。



**表10 重庆市历年基础设施建设总投资额**

单位：万元

| 1998年 | 1999年 | 2000年 | 2001年 | 2002年 | 2003年 | 2004年 | 2005年 |
|---|---|---|---|---|---|---|---|
| 1727037 | 1973653 | 2239595 | 3088239 | 3823984 | 4897984 | 6003468 | 7448268 |

重庆市2005年全年完成基础设施建设投资共7448268万元，增幅高达24%。其中，完成水利投资164471万元，电、煤、水生产供应投资1317942万元，交通运输投资2281996万元，邮电通信投资406491万元，公共设施投资达到2248012万元，投资总量比1998年翻了4番。2005年全市公用事业投资284929万元，市政建设投资1496308万元，分别是2000年的5.99倍和5.20倍。快速增长的基础设施投资对重庆市的投融资体制改革提出了巨大挑战。

2. 重庆市建设地方投融资平台的措施

(1) 创建市场化的投融资主体

十余年来，重庆市相继组建了重庆市城市建设投资公司、重庆市建设投资公司、重庆市开发投资有限公司、重庆市地产集团、重庆市水务控股（集团）有限公司、重庆高速公路发展有限公司、重庆高等级公路建设投资有限公司、重庆市水利投资（集团）有限公司、重庆渝富资产经营管理有限公司、重庆市江北城开发投资有限公司、重庆市能源投资集团、重庆港务物流集团等12个大型基础设施投资公司。这些基础设施投资主体在不同的领域通过市场化运作，将以往分散的建设资金聚沙成塔，整合形成规模优势，形成了重庆市坚实有力的基础设施建设投融资平台。

(2) 规范投融资主体管理制度

重庆市通过“五个注入”、“三不原则”、“三个平衡”等手段推进政策性投融资公司迅速壮大，实现投融资主体的规范化建设，增强投资主体的自身信用，确保投资主体持续健康的发展。通过将建设资金和建设项目同时划转给投融资公司，由投融资公司集中各个项目的资金，统一规划，集中信用进行融资，再将资金合理安排和分配给各个项目。该模式解决了单个项目资产不足，信用评级不够，融资困难的问题，又实现了在有限的资源下，尽可能好的发挥资源效应。

(3) 建立土地储备增值制度

土地储备收益是市政建设资金的重要来源。2000年重庆市政府做出决定：经营性土地必须采取招标、拍卖、挂牌的方式进行交易，不得协议转让。2002年8月22日，重庆市颁布《重庆市国有土地储备整治管理办法》，对国有土地储备的相关事项作了系统的规定，建立起了“一个渠道进水、一个池子蓄水、一个龙头放水”的土地统一供应机制。为了强化政府对土地一级开发的控制，同年，土地储备处被改组为重庆市土地储备中心。2003年2月28日，又在划转原土地储备中心和土地整理中心的基础上组建了重庆市地产集团。由该集团充当市政府土地储备和开发整理的运作载体，通过市场运作机制进行土地储备整治，之后再把熟地交给政府拍卖，实现土地增值。随后的两年内，重庆市城市建设投资公司、重庆市水利投资（集团）有限公司、重庆渝富资产经营管理有限公司、重庆市开发投资公司、重庆市高等级公路投资有限公司也被授予了土地储备职能，成为了市级土地储备机构。至此，重庆市的土地储备可以分为两类：第一类是为了实现国家对土地一级市场的垄断，而由市政府根据今后发展需要直接划定的储备，其储备主体是地产集团、城投公司，这类土地储备代表了政府意志。第二类是市场行为取得的土地储备。这种储备是因为高投公司、水投集团、开投公司，渝富公司到区县（自治县、市）投资，区县（自治县、市）没有钱就以地来冲抵投资款，按照市场原则实行等价交换而形成的。

(4) 创新建立基础设施收费权和收益权质押办法

在基础设施银行贷款担保问题上，除了采用传统的保证、抵押、动产质押等传统方式外，重庆市借鉴东部沿海地区的经验，开办了以高速公路桥梁、隧道、污水处理设施等不动产的收益权为出质标的新型权利质押贷款方式。2003 年 2 月 11 日，重庆市人民政府颁布《重庆市基础设施项目收费权和收益权质押办法》，对基础设施收费权收益权质押办法的适用范围、操作程序等事项作了明确规定。之后，这种贷款方式迅速崛起，成功地解决了银行一些信贷业务上的担保问题，既扩大了银行业务，又保障了信贷资产安全，更促进了地方基础设施建设的发展，并逐步成为了重庆市基础设施贷款的主要担保方式。

(5) 创新与政策性银行的合作模式

国家开发银行是国家支持地方基础建设的重要政策性金融机构。1994 年至 2004 年底，向重庆市累计发放各类贷款 392 亿元，其中仅交通建设就投入了 115 亿元。增进和国家开发银行的合作、争取开发银行支持，对地方基础设施建设具有十分重要大的战略意义。

根据重庆市政府提出的“以项目为载体，以信用为根本，以机制为动力”的原则和开发银行总行提出的“四项业务工作前移”的要求，2003 年开始，重庆市和国家开发银行逐步建立起了新型合作制度，将原有“以项目为中心”的合作模式转变为“机制+机构+项目，以机制为中心”的合作模式。新型合作方式分别在市政府、市级政府投资主体、区县政府三个层面上展开。第一个层面上，由市财政性资金建设为主的公益事业项目和基础设施项目利用政府授信实行信用贷款；第二个层面上，市级政府投资主体通过优惠政策和部分政府信用支持，提高自身融资能力，建立良好的投融资机制和信用结构，开行可简化债项评审和弱化担保；第三个层面上，部分具备条件的区县通过加强信用建设来获得开行的支持。

通过以上各项措施，重庆市逐步发展壮大了多个地方投融资平台，基础设施投融资的市场化取得了重大进展。

3. 重庆市建设地方投融资平台的经验

(1) 注入资产做大做强



a. 国债注入。由于西部区县财政资金状况差，区县贷款能力弱，项目建设资金缺口大，将分散到区县项目中的国债集中注入到重庆市各投融资公司（集团），成为公司（集团）资本金，形成集中信用，向银行贷款，突出资金的集聚效应，实现资本扩张，为区县基础设施建设提供资金。

b. 规费注入。改变重庆市主城原有的路桥收费制度，实行年费制度，将该路桥收费专项交给城投公司，由公司用于城市路桥建设；将全市车辆的养路费注入高投公司和高发公司，用于重庆市范围内高速公路建设和高等级公路建设。

c. 存量资本注入。将重庆市政府多年来积累的基础设施存量资产分别注入各大投融资公司（集团），作为公司（集团）资本金。

d. 土地注入。按照国家的相关政策，将重庆市主城未来5–10年规划开发的一百多平方公里的土地储备到市地产集团和市城投公司，由其将土地整治后，通过市场化运作手段，按照城市规划发展的相关要求，将土地有序推向市场，实现土地的增值。

e. 把税费返还注入。考虑到基础设施建设公司（集团）在经营上的公益性特点，将公司（集团）的施工营业税、所得税等税收和一些相关费用返还给相应的公司（集团），成为公司（集团）资本金，推动公司（集团）的持续发展。

“五个注入”的措施，是重庆市政府推动国有基础设施建设投资集团发展的助推器，通过“五个注入”，为投融资平台公司的快速壮大奠定了基础，提升了平台公司的自身信用。

(2) 设置防火墙严控风险

a. 地方政府不对平台公司担保。我国《贷款通则》规定，地方政府不具备借款人资格，不能直接从金融机构借款，长期以来，为了合法获得银行信贷支持，地方政府往往通过投融资公司向银行贷款，在公司自身资信不够的情况下，应银行的要求以政府信用做担保。由于可能存在“新官不理旧账”或“赤字财政”的情况，给银行带来了较大的信用风险，也极大损害了政府形象。为此，制定政府不向地方平台公司担保的硬规定，从而杜绝该类风险的发生。



b. 平台公司之间不互相担保。各个投融资平台公司都是拥有上百亿资产的大企业，本身拥有良好的信用，但不排除未来某公司出现资金问题，为防止某个公司出现资金问题而导致多个公司连坐崩盘的情况，市政府严令各投融资平台公司之间不能互相担保，并通过审计手段加以监督。

c. 专项决不乱用。将政府财政专项资金的管理方式引入到平台公司内部的收费专项上来，要求公司内部在专项资金的使用上做到专款专用，杜绝平台公司以收费专项为担保取得银行贷款后，在实际操作中又将专项资金挪作它用的现象。

“三不”原则是重庆市政府为确保投融资平台公司健康发展而设立的三道防火墙，旨在理顺公司内部、公司与公司之间、公司与政府之间的利益关系，防止信用滥用。

(3) 财务平衡实现可持续发展

a. 资本与债务平衡。除在日常经营中要求公司以现代企业制度为规范，以市场化手段为原则以外，市政府要求投资集团的资产负债率保持在50%-60%，保持资本和债务的基本平衡，这是从整体结构上对投融资平台公司的稳定健康发展提出的要求。在公司的银行授信还存在大量剩余的情况下，要求公司以保持资本和债务平衡为基本原则，杜绝出现“帮忙项目”和“超标发展”。

b. 现金流平衡。要求投资集团在经营中保持现金流的动态平衡，这是在经营过程中对平台公司稳定健康发展提出的要求，要求平台公司重视现金流管理，确保集团日常运作的平稳状态。

c. 投入产出平衡。要求集团的投资支出和最终的产出能够平衡，投资基础设施建设项目暂时亏损的，一是在相应时间内调整收费标准，“以时间换空间”弥补损失；二是以政府补助和收费提高相结合，确保投融资平台公司的利益；三是以公司经营性收入弥补公益性亏损，无论采取何种形式，要求公司保持投入产出平衡。



三个平衡的原则是重庆市政府为确保地方投融资平台公司健康可持续发展而提出的行为准则。

从整体来看，通过各种方式，重庆市初步建立起了一个以政策性投融资公司为主体的基础设施投融资运行模式，并为该模式的顺利运转创造了良好的条件和环境。重庆市的改革经验，很好的解决了城市基础设施投融资平台存在的规模不大，实力不强，融资能力下降，投资风险集聚等关键性问题，对我国地方政府投融资平台的建设具有很强的借鉴意义。

附 录

# 地方金融环境建设

良好的金融环境能有效的引导资本，整合各种生产要素，促进经济的发展和社会的进步。金融环境建设就是在政府的主导下，对地区内的各种金融关系进行协调与完善的过程，并最终达到促进本地经济社会发展的目的。

这些金融关系中，既包括平等的市场参与主体在金融交易活动中产生的关系，即金融交易关系；也包括政府主管机关对市场参与主体在金融活动中的调节控制和监督管理活动，即金融调控监管关系。

由于我国的金融调控和监管措施主要由中央政府的相关部门制定，并通过中央政府部门的派出机构执行；而市场参与主体之间的交易关系，也受中央政府制定的相关法律法规约束。因此对于地方政府部门而言，区域性金融环境的重点在于如何吸引创建区域金融市场内的参与主体，活跃参与主体在金融市场上的交易活动。这其中，区域性商业银行、小额信贷机构、产权交易中心等，都是重要的区域性金融服务供应主体。通过类似的金融市场主体建设，能极大的繁荣本地的金融市场活动，形成富于活力的地方金融环境。

## 1. 地方商业银行

商业银行是经济活动中最主要的资金集散机构，其对经济活动的影响力居于各类金融机构之首。建设地方性的商业银行，有利于繁荣本地的金融市场，拓展本地企业的融资渠道，是地方金融环境建设的重要手段。在我国，地方性商业银行主要包括城市商业银行和农村合作银行。

我国的城市商业银行通常是在撤并城市信用社的基础上，由所在城市的企业、居民和地方财政投资入股组成的地方性股份制商业银行，其经营范围与国有银行和全国性股份制银行是相同的，区别在于城市商业银行主要面向本地区经济的发展融通资金，重点为本地区的中小企业发展提供金融服务，因此具有明显的地域性特征。

农村合作银行则是由农村信用社为基础组建的，由辖内农民、农村工商户、企业法人和其它经济组织入股组成的股份合作制金融机构，主要任务是为农民、农业和农村经济发展提供金融服务，它不仅具有明显的地域性特征，还有明显的业务针对性。

目前我国金融资源配置结构与经济结构严重不对称，全国性商业银行将重点客户主要集中于大中型企业尤其是国有企业。而针对民营中小企业和广大农村地区的金融需求，则缺乏与之匹配的中小金融机构的支持。城市商业银行和农村合作银行与地方经济联系密切，信息反馈灵活，是区域性金融的重要组成部分，是能够为本地区经济发展提供金融支持的主力军。



当然，目前影响地方性商业银行可持续发展的障碍还很多，需要重点的予以关注，这其中主要包括：

(1) 金融风险化解不彻底

目前的地方性商业银行大多是在过去的城市信用社和农村信用社的基础上组建的，并且主要通过行政方式推动，即由地方拿出部分现金、土地、房地产等“优质”资产对原有信用社进行注资和不良资产置换，促使各类信用社迅速达到组建商业银行的指标要求。但是这部分资产的流动性很差，无法变现，导致地方性商业银行的抗风险能力较弱。

(2) 公司治理结构不清晰

由于组建地方商业银行是由地方政府主导，地方财政和集体出资占了很高的比例，使地方商业银行带有浓重的行政色彩。公司治理结构不完善，企业的发展既依赖于地方政府，又受制于地方政府，发展处于尴尬境地。

（3）整体竞争力不强

受到历史条件和客观环境的限制，大部分地方性商业银行在资本规模、人力资源、管理水平和软硬件设施上，尚存在较大的欠缺。此外，出于防范风险的考虑，地方性商业银行还受到一些政策性的限制，如不得进入银行卡和网银业务领域等，由此也导致产品和服务的综合竞争力不强。

虽然城市商业银行和农村合作银行在发展中仍面临诸多问题，但是经过多年的发展实践，我国地方商业银行不仅在数量上进一步增加、规模上进一步壮大、服务范围进一步扩大，而且在资本充足率、不良贷款率、拨备覆盖率等方面基本搭建起了现代商业银行的运行框架，在资本补充、不良资产处置、业务开拓创新等各方面也积累了许多的经验。像上海银行、北京银行、宁波银行等均在省（市）外设立分行，实现跨区域经营；南京银行、宁波银行、北京银行等城市商业银行成功实现国内 A 股上市，为区域经济的发展发挥了良好的助推作用。



## 2. 小额贷款公司

国际通行的小额信贷是指向低收入群体和微型企业提供小规模信贷服务的信贷制度。世界上第一家小额信贷银行是印度 1983 年成立的孟加拉国乡村银行（Grameen Bank），它成功实践了面向低收入群体提供无抵押担保的小额贷款模式，被称为 GB 模式，并从 20 世纪 90 年代起在全球范围内得到迅速推广和应用，成为最有影响的信贷扶贫方式。

我国于 2005 年开始商业性小额信贷试点，以小额贷款公司为主体面向农村地区中低收入人群开展小额信贷工作。小额贷款公司的设立和运营具有以下特征：

（1）小额贷款公司经工商注册设立，是独立的企业法人，依法享有民事权利，并以全部法人资产独立承担民事责任，需要缴纳相应的税费。

（2）小额贷款公司以中低收入阶层和微型企业作为特定的服务对象，这些目标客户由于无力提供正式担保（抵押）品，往往被排斥于正规商业金融系统之外。而小额贷款公司通过“团体贷款”、“分期还款”、“替代担保”等金融创新形式，为他们提供金融服务。

(3) 小额贷款公司以盈利性为目标，提供的贷款需要到期还本付息，并以利息收入作为利润来源，因此也需要关注贷款风险。

(4) 小额贷款公司不得吸收公众存款，其资金来源除自有资本金外，只能向商业金融机构拆借。

(5) 小额贷款公司应严格遵循“自主经营、自我约束、自担风险、自负盈亏”的市场原则，积极稳妥的开展业务，实现商业上的可持续发展。

(6) 各地金融办是小额贷款公司的审批与监管机构，负责对小额贷款公司的业务进行跟踪监测，切实防范风险。

小额贷款公司作为新涌现的金融机构，能有力的提升微观经济主体的金融环境，值得各地下大力气扶持推广。



### 3. 产权交易中心

产权交易是指财产所有者将其持有财产的所有权、使用权和受益权进行有偿转让的经济活动。产权交易的范围包括企业股权、土地建筑物、车辆设备、版权著作权等各种类型的资产。通过产权交易有利于发现资产价格，促进社会生产要素的自由流动，提高资源的利用效率，促进经济的发展与繁荣。

产权交易中心是固定的、有组织的进行产权转让的场所，是依法设立的、不以赢利为目的的法人组织。它作为产权交易的中介服务机构，其主要职能包括：为产权交易提供场所和设施；组织产权交易活动；审查产权交易出让方和受让方的资格及转让行为的合法性；为产权交易双方提供信息等中介服务；根据国家有关规定对产权交易活动进行监管。具体而言，其功能主要体现在以下三个方面：

(1) 信息平台功能

各类产权的出让和收购的信息在产权交易市场内积聚，再通过产权交易中心的信息平台广泛发布，由供求双方选择。产权交易中心的信息平台功能，有助于扩大产权交易的参与方，使交易配对的可能性和成功率大大提高。

(2) 价格发现功能

产权中心采取出售方主动报价，认购方公平竞价的方式，有利于利用市场竞争机制发现资产真实价格。

(3) 中介服务功能

产权交易中心为交易双方提供“公开、公平、公正”的市场交易环境，使交易双方平等的完成交易行为。同时成熟的产权交易中心还汇集了大量的各类中介交易会员和服务会员。如产权经纪机构、拍卖机构、会计和评估机构、法律服务机构等，为交易过程提供各种中介服务。

在现阶段，我国的产权交易中心还具备一些特殊的功能特性。比如：目前的国有企业产权交易就必须通过产权交易中心挂牌出让。通过“阳光、规范、公开、有序”的交易方式，避免国有资产转让过程中出现的暗箱操作和腐败问题。此外我国目前的资本市场尚不发达，能够登陆股票市场的企业凤毛麟角。产权交易中心为企业股权交易提供了一个重要平台，为企业股权投资提供了可行的退出通道，是鼓励风险投资和实业投资的有效手段。



### 4. 上市公司数量

在我国，上市公司是一个特殊的企业群体。公司通过股票发行上市，能够筹集大量资金，完善内部管理结构，并显著的提升知名度，达到进一步做大做强的效果。

对于地方经济而言，拥有一定数量的上市公司，既代表了本地企业的竞争力水平，又能聚集带动一批上下游企业的发展。对于地方财政和就业都能作出巨大的贡献，是地方经济发展水平的重要标志。

表 11　我国各省市上市公司数量

| 地　区 | 上市公司数量 | 地　区 | 上市公司数量 | 地　区 | 上市公司数量 |
|---|---|---|---|---|---|
| 西　藏 | 9 | 云　南 | 27 | 安　徽 | 61 |
| 青　海 | 10 | 重　庆 | 28 | 湖　北 | 66 |
| 宁　夏 | 11 | 陕　西 | 30 | 四　川 | 72 |
| 贵　州 | 18 | 天　津 | 32 | 山　东 | 101 |
| 甘　肃 | 20 | 新　疆 | 34 | 江　苏 | 126 |
| 内蒙古 | 20 | 吉　林 | 35 | 北　京 | 128 |
| 海　南 | 22 | 河　北 | 36 | 浙　江 | 141 |
| 江　西 | 25 | 河　南 | 40 | 上　海 | 154 |
| 黑龙江 | 26 | 湖　南 | 49 | 广　东 | 231 |
| 广　西 | 26 | 辽　宁 | 51 | | |
| 山　西 | 27 | 福　建 | 57 | | |

在鼓励扶持本地区企业上市方面，地方政府可以发挥重要作用。例如杭州市成立了“企业上市专家咨询团”，主要由券商、资深会计师和律师组成，聘期两年，专家团尽早进入企业，帮助企业筹划重组整合方案，为企业上市提供针对性指导意见。

### 5. 中小企业孵化器

富于活力的中小企业是地方经济持续发展的动力，是解决地方就业问题的主力军。地方金融环境建设应着力建设能够支撑中小企业发展的宽松的政策环境，解决中小企业发展过程遇到的瓶颈问题。

中小企业孵化器对推动地方中小企业的发展起着关键作用。孵化器通常由政府、大学等机构发起设立的，旨在促进中小企业发展的机构。孵化器在服务对象的选择上会设定一定的门槛，比如符合区域的产业发展政策、具备一定的核心竞争力和创新能力、具有较大的发展前景等。

孵化器针对中小企业的服务范围较为宽泛，比如：为企业提供低成本的办公场地；帮助其获得原始资本和启动资金；针对性的提供战略、管理、市场营销等方面的咨询培训；为企业和政府之间的沟通提供桥梁和便利；促进孵化器内企业的交流和合作等。

自从 1987 年武汉东湖创业者中心创立以来，我国的中小企业孵化器已经有 20 年的发展历史。根据科技部火炬中心统计，2006 年全国 548 个科技企业孵化器聚集各类可用资金总额达到 200.2 亿元，平均每个孵化器得到的可用资金约 3653 万元。其中，各类科技企业孵化器筹集的孵化基金总额达 48 亿元，占比约 1/4。到 2006 年年底，全国已累计孵化企业 19896 家，企业毕业时的累计收入平均比初创时提高了近 5 倍。41434 家在孵企业共申请各类专利达 22191 项，其中申请发明专利 8009 项。

孵化器目前已成为区域创新体系建设的重点，在落实政府产业调控政策，促进科技成果转化，扩大创业就业方面，发挥着日益重要的作用。



## 专栏 9　金融业发展和改革“十一五”规划

《金融业发展和改革“十一五”规划》是党中央提出全面建设小康社会战略目标和科学发展观后，编制的第一个金融业中期发展改革规划。本规划依据《中华人民共和国国民经济和社会发展第十一个五年规划纲要》编制，主要阐明“十一五”时期（2006–2010 年）我国金融业发展改革的指导原则和主要目标，明确金融工作重点。制定和实施好这一规划，对于深化金融改革，促进我国金融业持续健康安全发展，发挥金融对经济社会发展的促进作用，具有重要意义。

### 一、“十五”期间金融业发展改革成就显著

“十五”时期金融业发展改革成就十分显著，金融业发生历史性变化。国有商业银行改革迈出重大步伐，中国建设银行、中国银行、中国工商银行相继进行股份制改革并成功上市。农村信用社改革全面推开，取得阶段性成

果。实施正确的货币政策，综合运用多种金融工具，调控货币信贷总量，改善信贷结构，努力保持人民币币值稳定和金融稳定。汇率形成机制改革成功实施，成效显著。利率市场化改革稳步推进。资本市场基础性制度建设全面加强，上市公司股权分置改革基本完成。以加入世界贸易组织为标志，金融领域对外开放的地域和范围不断扩大，引进境外战略投资者取得初步成效。银行、证券、保险业分业经营体制进一步健全，不断拓宽服务领域，防范和处置金融风险力度加大，不良贷款率大幅下降，大中型商业银行资本充足率多数达到8%。金融业积极服务经济社会发展，在调节经济运行和实施宏观调控中的作用不断增强。

## 二、“十一五”时期金融业发展改革面临新形势

**金融业发展改革还存在不少困难和问题。**我国社会主义市场经济体制还不完善，金融业在快速发展的同时也出现了一些新情况和新问题。国际收支不平衡，流动性过剩矛盾突出。利率和汇率形成机制需要进一步完善。金融体系不健全，结构不尽合理，资本市场和保险市场发展相对滞后，直接融资比重低，城乡、区域金融发展不协调，对“三农”和中小企业金融服务相对薄弱。金融创新能力和竞争力不强，运行效率不高。金融企业公司治理、内部控制、风险管理有待进一步提高，经营机制尚未根本转变。金融法制和监管还需完善，金融业发展的信用环境有待改善，维护金融稳定任重道远。



**金融业发展改革面临新形势。**金融全球化趋势深入发展，各国金融市场联系更加密切，国际化程度日益提高。金融创新日新月异，综合经营趋势不断发展，各行业之间相互渗透。国际金融竞争日趋激烈，资本跨境流动规模不断扩大，不确定因素增多。从国内看，我国工业化、城镇化、市场化、国际化进程加快，经济结构调整和经济社会发展的金融需求日益增加。加入世贸组织过渡期结束后，金融业竞争更加激烈。在这一新形势下，我国金融业既有新的发展机遇，也面临更为严峻的挑战，处于重要的转折和发展时期。

## 三、“十一五”期间金融业发展改革的指导原则和主要目标

**指导原则。**以邓小平理论和“三个代表”重要思想为指导，全面落实科学发展观，认真贯彻中央关于金融工作的方针和部署，深化金融改革开放，着力推进现代金融体系和制度建设，着力提升金融创新能力和服务水平，着力加强金融调控和监管，显著增强我国金融业的综合实力、竞争力和抗风险能力，维护金融稳定和安全，促进经济社会全面协调可持续发展，充分发挥金融在全面建设小康社会、加快现代化建设中的重要作用。

**主要目标。**以体制改革和科技进步为动力，进一步拓宽服务领域，创新金融产品，不断满足经济社会日益增长的多样化金融需求。进一步推进金融业市场化改革，构建以市场为主导的金融创新机制。完善调控机制和服务功能，更好地发挥金融在资源配置、宏观调控中的重要作用，维护币值稳定，促进经济社会平稳协调发展。进一步深化金融企业改革，健全产权制度和股权结构，加快转换经营机制。进一步推进金融业对外开放，显著增强我国金融业实力和竞争力。进一步优化金融结构，提高直接融资比重，完善多层次金融市场体系和城乡、地区金融布局。进一步健全金融法制，依法强化金融监管，加强金融基础设施建设，促进金融业安全高效稳健运行。坚持以人为本，大力实施金融人才战略，满足日益发展的金融创新对金融人才的需求。



## 四、完善金融宏观调控体系，促进国民经济又好又快发展

**健全货币政策调控体系。**进一步完善货币政策调控方式，继续运用数量型调控工具，扩大价格型调控工具的使用范围，加大货币政策工具的创新力度。加强本外币政策协调，综合运用多种货币政策工具，合理调控货币信贷总量，优化信贷结构。进一步加强货币政策与其他宏观经济政策以及金融监管的协调配合，促进总量平衡和结构优化，改进货币政策传导机制，增强货币政策的有效性。

**稳步推进利率市场化改革。**逐步将上海银行间同业拆放利率（Shibor）

和国债收益率培育为我国短期和中长期金融市场的基准利率，疏通货币市场、债券市场与信贷市场的利率传导渠道，构建完整的金融市场收益率曲线。稳步推进存贷款利率市场化。推动金融机构进一步完善定价机制，提高定价能力。

**进一步完善人民币汇率形成机制。**坚持主动性、渐进性、可控性原则，进一步发挥市场供求在汇率形成机制中的基础性作用，增强汇率弹性，保持人民币汇率在合理均衡水平上的基本稳定。

**深化外汇管理体制改革。**进一步放宽企业和个人对外投资的汇兑限制，加大对企业“走出去”的支持力度，逐步推进人民币资本项目可兑换。加强短期资本流动管理，防范短期资本冲击。按照依法合规、有偿使用、提高效益、有效监管的原则，探索和拓展外汇储备的使用渠道和方式。大力培育和发展外汇市场，夯实人民币汇率形成机制的市场基础。



## 五、推进金融改革开放，全面提升金融业竞争力

**加快农村金融改革发展。**逐步建立健全适应“三农”特点的多层次、广覆盖、可持续的农村金融体系，支持为“三农”服务的金融组织创新，加快创建由农村信贷市场、农产品期货市场、农村保险市场等组成的适度竞争的农村金融市场体系，进一步健全农村金融基础服务体系。

**深化商业银行改革。**巩固中国工商银行、中国银行、中国建设银行、交通银行的改革成果。按照面向“三农”、整体改制、商业运作、择机上市的原则，加快中国农业银行改革。深化股份制银行改革和推进城市商业银行重组改造。

**推进政策性银行改革。**按照自主经营、自担风险、自负盈亏的商业化运作原则抓好国家开发银行改革的实施工作。推进中国进出口银行改革。改革中国农业发展银行的功能定位和运作机制，完善粮棉油收购融资，积极开展有资本金约束的、与“三农”相关的业务。

**推进非银行金融企业改革。**信托投资公司要办成提供资产管理、财务顾

问等服务的专业化理财机构。发挥金融租赁公司在企业技术更新、设备改造和中小企业融资等方面的积极作用，鼓励商业银行参股或设立金融租赁公司。规范发展企业集团财务公司、住房金融、汽车金融、货币经纪等其他专业金融企业。具备条件的金融资产管理公司应加快向有业务特色、运作规范的商业性金融企业转型。

**稳步发展多种形式中小金融企业。**在加强监管和保证资本充足的前提下，鼓励和引导社会资金投向适应特定对象和提供特色服务的中小金融企业。加强对中小企业融资的担保服务。

**推动证券期货经营机构规范和创新发展。**全面落实证券期货经营机构规范运作的基本制度。支持合规证券公司通过多种途径充实资本，支持证券公司在风险可控的前提下，探索新型盈利模式。按照分类监管原则，推进证券、期货行业集约化发展，形成规模不等、经营特色各异的证券、期货经营机构体系。

**建立现代保险企业制度。**巩固已上市保险企业改革成果。深入推进中国再保险、中国太平洋保险、中国出口信用保险公司等保险企业改革。积极引入境内外战略投资者，逐步形成国有、民营和外资优势互补、相互竞争的多元化保险机构体系。鼓励发展养老、健康、责任等各类专业保险公司。拓宽保险资产管理公司的资产管理范围。

**积极稳妥推进金融业对外开放。**逐步给予外资金融企业国民待遇，建立金融服务不正当竞争调查和处置机制。鼓励外资金融企业在中西部、东北地区开展金融服务，积极引进有助于为中小企业、“三农”提供特色服务的外资金融企业。拓宽境外金融机构在境内的人民币融资渠道，发挥境内外合格机构投资者的作用，支持有条件的中资金融机构“走出去”开展国际竞争。加强国际金融交流与合作。

## 六、完善多层次金融市场体系，优化金融结构

**积极发展货币市场。**促进同业拆借市场、回购市场、短期融资券市场、

商业汇票市场的协调发展，增强流动性管理功能。积极发展货币市场基金，注重发挥货币经纪公司等中介机构作用。

**加快发展外汇市场。**增加非银行金融机构和非金融企业等外汇市场主体，逐步放宽外汇交易的实需限制，发展货币掉期、期货和期权等外汇衍生产品，加强交易系统、清算制度等基础设施建设。逐步建立多层次外汇市场体系。

**大力发展债券市场特别是企业（公司）债券市场。**建立健全以市场化为导向的债券发行机制，逐步创造条件最终实现注册制发行。打破各类合格机构投资者投资债券的限制。大力发展企业（公司）债券市场，发展住房抵押证券、项目支持证券等资产证券化市场，探索发展政府引导和市场机制相结合的市政项目收益债券。

构建银行间市场和交易所市场互为补充，安全、高效、相互联通的债券市场。提高不同证券登记结算机构间的转托管效率，扩大跨市场交易的债券品种，促进债券市场互通互联。



**稳步发展股票市场。**巩固和发展上市公司股权分置改革成果，继续深化股票发行体制的市场化改革。进一步发展主板市场。积极探索发展创业板市场，构建场外交易市场，逐步形成各层次市场间有机联系的股票市场体系。加快完善《创业投资企业管理暂行办法》的各项配套政策，积极稳妥地扩大产业投资基金试点，促进创新型国家建设。

**丰富商品期货市场。**重点发展能源、金属、农畜产品等战略性资源商品的期货品种系列，逐步发展商品期权交易，增强我国对国际大宗商品定价的话语权。

**培育金融衍生产品市场。**按照先易后难、风险可控的原则，逐步建立场外市场和场内市场并重的金融衍生产品市场。发展利率互换等债券衍生产品，开发权证、股指期货等股票衍生产品，研究推出以银行贷款和企业（公司）债为基础的信用衍生工具。发展黄金期货。加强对衍生品市场的风险管理。

**大力发展保险市场。**大力发展保障型产品，稳步发展投资型产品，探索发展衍生型产品。重点发展农业保险、责任保险和商业养老保险，完善强制责任保险制度，探索保险机构参与新型农村合作医疗制度的有效方式。大力拓展高科技、项目融资、消费信贷、出口信用和货物运输等领域的财产保险业务，探索建立国家政策支持的巨灾保险体系。发展和规范各类保险中介服务。

**稳步推进金融业综合经营试点。**鼓励金融机构通过设立金融控股公司、交叉销售、相互代理等多种形式，开发跨市场、跨机构、跨产品的金融业务，发挥综合经营的协同优势，促进资金在不同金融市场间的有序流动，提高金融市场配置资源的整体效率。

## 七、提高金融监管能力，维护金融稳定

**健全金融监管法律框架。**按照我国国情和国际监管趋势，健全覆盖面广、操作性强、鼓励金融创新的金融监管法律框架。加快制定涉及金融信息安全、金融机构市场退出的相关法律。健全借贷法规，规范民间借贷。全面推进依法行政，完善金融主管机关的行政决策机制、行政执法责任制和监督检查机制。

**加强金融风险监管。**加大对银行业信用、市场和操作风险的监管。严格对商业银行的资本充足率考核，为全面实行新巴塞尔资本协议创造条件。实施以净资本为核心的证券公司、期货公司风险监管制度。以加强保险偿付能力监管为核心，深入推进对保险企业治理结构和市场行为的监管。强化保险资金运用监管。开展有效的国际监管合作。

**完善金融监管体制。**着力加强鼓励金融企业开拓业务和自主创新的监管制度建设。建立健全金融监管机构之间以及同中央银行、财政部等宏观调控部门的协调机制。理顺银行、证券、基金、信托、保险等各类金融业务的法律边界，强化按照金融产品及业务属性实施的功能监管。发挥金融行业自律组织作用。加大公众和媒体监督的力度。

**健全存款人、证券投资者和被保险人保护制度。**加快设立功能完善、权

责统一、运作有效的存款保险机构，实行与风险挂钩的差别费率和有限赔付制度，赋予存款保险机构履行职责的相应权限，及时处置风险，保护存款人合法权益。完善证券投资者保护和保险保障基金制度，切实保护中小投资者和被保险人权益。

**规范金融企业市场退出机制。**严格按照市场化原则依法处理有问题的金融机构。积极发挥存款保险等市场化风险处置机制的作用，最大限度降低金融稳定成本。选择适合国情的金融企业市场退出模式，建立与《中华人民共和国破产法》相衔接的接管、重组、撤销、关闭和清算制度。建立市场退出问责制度，防范道德风险。

**加强维护金融稳定的基础建设。**利用信息化手段，建立和完善对金融业系统性风险的监控、评估和预警体系。健全金融风险应急处理机制。对使用中央银行最终支付手段的金融机构，依法加强监督检查。



## 八、加强金融基础设施体系建设，保障金融运行

**不断完善支付体系建设。**加快完善以中国人民银行现代化支付系统为核心，银行业金融机构行内支付系统为基础，票据支付系统、银行卡支付系统、境内银行间外币支付系统等为重要组成部分的支付清算网络体系。健全以中国人民银行为核心，银行业金融机构为主体，支付清算组织为补充的支付服务组织体系。建立健全有利于促进支付创新和防范支付风险、科学高效的支付结算法规与监督管理体系。

**加快征信体系建设。**以信贷征信体系建设为重点，加快金融业统一征信平台及相关法律法规建设。继续推进全国统一的企业和个人信用信息基础数据库建设，按照统筹规划、培育市场、维护安全的原则，建立和完善征信法律体系，推动征信行业标准化建设和加强征信市场管理。加强征信和相关金融知识宣传，促进良好社会信用环境的形成。

**增强金融信息安全保障能力。**制定银行业的客户信息、支付清算、财务信息等行业标准，建立安全高效的银行信息网络。建立和完善以身份鉴

别、授权访问和跟踪审计为主要内容的金融网络信任体系，保障信息传输、使用和存储安全。加大金融行业信息安全监管力度，防范系统性信息技术风险。

**依法推进各项反洗钱制度和网络建设。**以银行业为重点，全面加强银行、证券、保险等金融领域的反洗钱工作，有计划、有步骤地将特定非金融机构纳入反洗钱监管范围。加强对异常资金流动监控，遏制洗钱及相关犯罪。积极参与反洗钱国际合作及有关国际规则的制定。

**加强其他金融基础工作。**做好货币发行、金银管理、国库经理等金融基础工作。健全会计、统计、审计等基础制度。完善金融市场的登记、托管、交易、清算制度。

## 九、坚持以人为本，切实加强金融人才建设

大力实施金融人才战略，造就一批具有创新意识和国际视野的职业金融家。健全符合现代金融企业制度要求的选人用人机制，积极运用市场机制选聘熟悉现代金融制度、擅长管理、职业操守良好的优秀人才充实金融企业管理层，对高级管理人员实行目标管理，实施与绩效挂钩的薪酬分配制度，形成有效的激励约束机制。加强金融职业培训，健全金融从业人员专业技术职称系列，完善资格认证制度。



## 十、建立规划实施的保障机制

《金融业发展和改革“十一五”规划》是国家在金融领域依法行政、履行金融管理职责和提供公共服务的重要依据，提出的各项发展和改革目标属于方向性、预期性目标，主要通过政府和金融管理部门引导市场主体行为加以实现。各级政府部门和金融管理部门要根据规划提出的发展和改革目标，全面履行职责，制定和落实支持金融业发展和改革的保障措施，为规划实施创造良好的法治、体制、政策和市场环境。

# 参考文献

1. 戴相龙，吴念鲁：《商业银行经营管理》（修订版），北京：中国金融出版社，2003 年。

2. 叶苏东：《项目融资理论与案例》北京：清华大学出版社·北京交通大学出版社，2008 年。

3. 李春好，曲九龙：《项目融资》（第二版），北京：科学出版社，2009年。

4. 陈健，陶萍：《项目融资》北京：中国建筑工业出版社，2008 年。

5. 王铁军：《中国地方政府融资 22 种模式》北京：中国金融出版社，2004年。

6. 余萍：《地方政府投融资平台建设研究》黑龙江对外贸易，2009 年第 5 期。

7. 戴相龙：《领导干部金融知识读本》（修订版），北京：中国金融出版社，2002 年。

8. 何小峰，黄嵩：《投资银行学》北京：北京大学出版社，2008 年。

9. 杨林枫，罗志华，张群革《中国信托理论研究与制度构建》成都：西南财经大学出版社，2004 年。

10. 王灏：《“PPP” 开创北京地铁投融资模式先河》中国科技投资，2009 年第 12 期。

11. 赵欣：《PPP 项目融资模式的应用与实践》以北京地铁四号线融资为例，辽宁经济，2008 年第 7 期。

12. 黄达：《金融学》北京：中国人民大学出版社，2003 年。

13.（美）米什金：《货币金融学》（第七版），北京：中国人民大学出版社，2006年。

14. 翟立宏，杨林枫：《信托产品的开发创新》北京：中国财政经济出版社，2008年。

15. 傅钧文：《国外地方政府在金融领域中的作用方式》世界经济研究，1994年第3期。

16. 张小辉，龙薇：《地方政府资本职能运作探析》金融理论与实践，2005年第12期。

17. 时炜：《国外地方债券的管理经验及启示》商场现代化，2009年第11期。

18. 陈洪波：《对发行地方政府债券的几点认识》银行家，1999年第11期。

19. 邵媛：《当前我国地方债券发行研究》现代商贸工业，2009年第7期。

20. 李卫民：《聚焦2009年地方债券》人民政坛，2009年第6期。

21. 钱巨炎：《关于2009年浙江省地方政府债券预算调整的报告》，浙江人大，2009年第3期。

22. 天津市人民代表大会常务委员会关于批准2009年市级预算调整方案的决议，天津市人民代表大会常务委员会公报，2009年第2期。

23. 赵水根：《论国际金融危机下我国地方发债的功能与实现》中国党政干部论坛，2009年第9期。

24. 毛煜：《我国基础设施产业投资基金发展模式研究》大众商务，2009年第3期。

25. 王恺，冯卫华等：《滨海新区产业投资基金运作模式研究》以渤海产业投资基金为例，天津大学学报，2007年第5期。

26. 郑林平：《水电站项目资产证券化融资模式选择》水力发电，2005年第12期。

27. 肖来久，孙鹏搏等：《高速公路资产证券化研究报告》交通财会，2009年第2期。

28. 李璐：《PPP 融资模式研究》今日南国，2009 年第 5 期。

29. 冯宁宁：《TOT 模式在我国铁路项目融资中的应用》铁道经济研究，2006 年第 5 期。

30. 王爱民：《优化区域经济金融发展环境》中国金融，2009 年第 23 期。

31. 耿宝民，韩忠奎等：《地方政府对区域金融风险防范及监管的有效职能分析》科技与管理，2008 年第 5 期。

32. 张亦春，郑振龙：《金融市场学》（第二版），北京：高等教育出版社，2003 年。

33. 黄奇帆：《黄奇帆同志在经济形势报告会上的讲话》（根据录音整理稿，未经本人审阅），2002 年 11 月 15 日。

34. 李晓鹏：《资产证券化与金融资产管理》中国金融，2002 年第 7 期。

35. 何小锋：《资产证券化》中国的模式，北京：北京大学出版社，2002 年。

36. 邢学杰：《资产证券化的模式选择分析》安阳工学院学报，2005 年 10月第 5 期。

37. 贾康：《解决地方举债的治本之策》中国改革，2009 年第 12 期。

38. 王雪青，喻刚等：《城市基础设施建设项目融资的 PPP 模式》科技管理研究，2008 年第 4 期。

39. 北京大岳咨询公司：《TOT 运作程序》中国建设报，2002 年 07 月 12 日第 7 版。

40. 欧阳良宜：《中国产业投资基金组织形式探讨》南方金融，2008 年第 9 期。

41. baike.baidu.com